한 눈에 펼쳐보는

세계 전쟁
그림책

글 홍건국 | 그림 김재일, 홍성지 | 감수 임승휘

차례

이집트와 히타이트 전쟁 4

기원전 1274년~기원전 1258년

이집트 역사상 가장 강력한 왕국을 이룩한 람세스 2세와 인류 최초로 철기를 사용한 메소포타미아 지역의 히타이트 왕국 사이에 벌어진 전쟁이에요.

페르시아 전쟁 6

기원전 492년~기원전 479년

이집트 지역에서 인더스강 유역까지 어마어마한 영토를 지배하던 페르시아 제국과 그리스의 여러 도시 국가 간의 10여 년에 걸쳐 벌어진 전쟁이에요.

펠로폰네소스 전쟁 8

기원전 431년~기원전 404년

그리스의 도시 국가들이 아테네를 중심으로 하는 델로스 동맹과 스파르타를 중심으로 하는 펠로폰네소스 동맹으로 편을 나누어 벌인 전쟁이에요.

백 년 전쟁 26

1337년~1453년

영국과 프랑스 사이에 영토 분쟁, 경제 갈등, 정치 대립 등 여러 가지 문제가 배경이 되어 100년이 넘도록 계속된 전쟁이에요.

몽골의 세계 정복 전쟁 24

1206년~1379년

몽골을 통일한 칭기즈 칸과 그의 후손들이 중국 대륙과 중앙아시아를 평정하고, 유럽 원정에 나서면서 벌어진 정복 전쟁이에요.

십자군 전쟁 22

1095년~1272년

서유럽의 기독교 국가들이 성지인 예루살렘을 되찾기 위해 나서, 200년 가까이 총 9회에 걸쳐 이슬람 세력과 맞붙은 종교 전쟁이에요.

오스만 튀르크의 영토 확장 전쟁 28

1299년~1571년

아나톨리아반도를 평정한 오스만 튀르크가 발칸반도 침공을 시작으로 아시아, 유럽, 아프리카 대륙으로 영토를 확장하면서 벌어진 정복 전쟁이에요.

나폴레옹 전쟁 30

1803년~1815년

프랑스 혁명에 반대한 이웃 국가들의 침공에 맞서면서 황제의 자리까지 오르게 된 나폴레옹이 유럽 대륙을 정복하면서 벌어진 전쟁이에요.

남북 전쟁 32

1861년~1865년

독립 전쟁에서 승리하며 독립을 이룬 미국에서 정치, 경제, 사회적으로 서로 대립하던 남부와 북부 사이에 일어난 전쟁이에요.

알렉산드로스의 정복 전쟁 10

기원전 334년~기원전 323년

그리스를 평정한 아버지에 이어, 마케도니아의 왕이 된 알렉산드로스 3세가 페르시아를 넘어 인도까지 동쪽의 국가들을 정복하면서 벌어진 전쟁이에요.

포에니 전쟁 12

기원전 264년~기원전 146년

이탈리아반도를 통일한 로마가 지중해로 세력을 넓히며 페니키아인들이 세운 카르타고와 대립하다, 마침내 지중해를 장악하기 위해 벌인 전쟁이에요.

초한 전쟁 14

기원전 206년~기원전 202년

중국 대륙을 최초로 통일한 진나라의 멸망 이후, 초나라의 항우와 한나라의 유방이 중국 대륙의 지배권을 놓고 대립한 전쟁이에요.

당나라와 이슬람 전쟁 20

747년~751년

중국 당나라가 막강한 군사력을 앞세워 중앙아시아로 진출하면서, 아바스 왕조를 비롯한 이슬람 국가들을 공격함으로써 발생한 전쟁이에요.

위촉오 삼국 전쟁 18

184년~280년

중국 후한 말에 힘없는 황실과 중앙 정부를 대신해 반란을 진압하며 등장한 조조, 유비, 손권이 각기 나라를 세우고 대립하며 벌인 전쟁이에요.

카이사르의 로마 권력 전쟁 16

기원전 61년~기원전 31년

지중해를 넘어 세계를 호령하게 된 로마의 최고 권력자 자리를 놓고, 카이사르와 폼페이우스 그리고 안토니우스와 옥타비아누스가 벌인 전쟁이에요.

제1차 세계 대전 34

1914년~1918년

독일, 오스트리아, 이탈리아의 삼국 동맹과 영국, 프랑스, 러시아의 삼국 협상이 서로 대립하며 일어난 세계적 규모의 전쟁이에요.

제2차 세계 대전 36

1939년~1945년

유럽에서는 독일이 히틀러의 등장과 함께 주변국을 침략하고, 아시아에서는 일본이 중국과 미국 등을 공격하면서 전 세계적으로 벌어진 전쟁이에요.

찾아보기 40

이집트와 히타이트 전쟁

기원전 1274년 ~ 기원전 1258년

피라미드와 파라오의 나라 이집트는 기원전 3150년경부터 아프리카 나일강을 중심으로 문명을 일구어 온 거대한 나라였어요. 그리고 이집트와 가까운 곳에 또 하나의 문명이 번영을 누리고 있었는데, 바로 강력한 힘으로 티그리스강과 유프라테스강 주변을 지배하던 메소포타미아 문명이에요. 비슷한 시기에 서로 이웃하여 발달한 두 문명은 한편으로는 교류를 하고, 다른 한편으로는 크고 작은 싸움을 벌이며 관계를 이어 왔지요. 그러던 중 기원전 1274년, 이집트 문명이 생겨난 이후 가장 강력한 왕국을 이룩한 람세스 2세와 역사상 최초로 철기를 사용한 메소포타미아 지역의 히타이트 왕국이 맞붙게 되었어요.

람세스 2세, 아시아를 향해 활을 겨누다

이집트 파라오 람세스 2세

이집트 왕국 역사에서 가장 위대한 파라오(왕)로 칭송받는 람세스 2세는 자신의 왕국에 아시아인이 자리를 잡고 사는 것을 매우 싫어했어요. 나일강 동쪽, 아시아에서 쳐들어 온 힉소스족에게 패해 기원전 1750년에서 기원전 1528년까지 지배를 당한 치욕의 역사를 알고 있었기 때문이에요. 그는 파라오가 되자 아시아에 대한 자신의 지배력을 높이기 위해 멤피스에서 더 동쪽에 있는 피람세스로 수도를 옮기고, 이집트 땅에 머물던 아시아인을 몰아냈어요. 더불어 아시아를 향해 활을 겨누었지요.

전쟁으로 치닫는 두 나라

히타이트 왕국은 기원전 17세기에 지금의 튀르키예에 있는 아나톨리아 부근에서 시작되었어요. 기원전 15세기에는 주변 민족을 정복하고, 기원전 14세기에는 당시 중동 지역을 호령하던 나라 미탄니를 물리치고 서아시아에서 가장 강력한 왕국이 되었지요. 이어 기원전 13세기에 히타이트는 막강한 국력을 바탕으로 차츰 세력을 넓혀, 이집트의 지배를 받던 시리아와 팔레스타인 지역을 빼앗었어요. 그렇지 않아도 서로 앙숙이었던 이집트를 코앞에서 위협하기에 이른 거예요.

철의 나라, 히타이트

전쟁에서 무기는 승패를 가르는 중요한 요소예요. 그런 면에서 히타이트는 다른 나라에 비해 매우 유리했어요. 그들에게는 철로 만든 칼과 창이 있었거든요. 히타이트의 주변에는 질이 좋은 철광석이 많았고, 오래전부터 철광석을 녹이는 방법을 알았던 히타이트인들은 철로 무기도 만들 수 있었어요. 당시 이집트를 비롯한 다른 나라는 청동과 같은 무른 금속으로 만든 무기를 사용했지만, 히타이트는 그보다 훨씬 강한 철로 튼튼하고 날카로운 무기를 만들어 쓴 것이지요.

전차 대 전차의 대결

전차에는 말을 모는 전차병과 뛰어난 궁수가 타고 있어요. 전차 부대는 적의 보병 부대 주위를 빙빙 돌거나 가운데를 돌파하며 진영을 흐트러뜨리고, 화살을 퍼부어 한꺼번에 많은 적을 쓸어버리지요. 이집트와 히타이트는 모두 전차를 잘 쓰는 나라였기 때문에, 두 나라의 전쟁에서는 누가 좋은 전차를 많이 갖고 있는지가 승패를 가르는 열쇠였어요. 특히 히타이트는 철을 사용한 최신 전차를 만들어 이집트 전차보다 빠르고, 궁수도 더 많이 태울 수 있었어요.

이집트 전차 / 히타이트 전차

인류 최초의 평화 조약

람세스 2세는 2천여 대의 전차와 1만 6천여 명의 보병을 이끌고 히타이트의 카데시 요새를 공격했어요. 하지만 히타이트의 왕 무와탈리 2세가 이집트보다 훨씬 많은 3,700여 대의 전차와 4만여 명의 보병으로 람세스 2세를 막아 냈지요. 그 후 긴 시간 동안 두 나라는 승자도 패자도 없이 서로 싸우며 대치하다가 기원전 1258년, 전쟁을 멈추고 사이좋게 지내자는 평화 협정을 맺게 되어요. 무와탈리 2세에 이어 히타이트의 왕위에 오른 하투실리 3세와 이집트의 람세스 2세가 체결한 이 평화 조약은 인류가 기록으로 남긴 최초의 협정이에요.

고대 최대 규모의 전차 대전, 카데시 전투

기원전 1274년경, 아문, 라, 세트, 프타의 4개 부대로 나뉘어 카데시 요새를 향해 진격하던 이집트군에 명령이 떨어졌어요. "히타이트군이 도망치고 있다. 서둘러 요새를 점령하고 적을 추격하라!" 명령을 내린 람세스 2세는 자신이 맨 선두에서 서서 오론테스강을 건넜어요. 그런데 아문 부대에 이어 라 부대가 강을 거의 건넜을 때, 카데시 요새의 뒤쪽에서 전차를 앞세운 히타이트 군대가 쏟아져 나왔어요. "함정이다. 흩어지지 말고 모든 부대가 뭉쳐서 싸워라!" 람세스 2세가 고함쳤지만, 이제 막 강을 건너 전열을 가다듬지 못한 아문과 라 부대는 비처럼 쏟아지는 화살과 육중한 전차의 공격에 속수무책으로 쓰러졌어요. 라 부대와 아문 부대가 궤멸 직전에 몰리자 용감하게 싸우던 람세스 2세도 절체절명의 위기에 놓였지요.

그때 뒤에 처져 있던 세트와 프타 부대가 겨우 강을 건너 전투에 합류했어요. 덕분에 이집트군은 히타이트군과 싸움을 이어 갈 수 있었고, 람세스 2세도 위기에서 벗어나 후퇴할 수 있었어요. 이집트와 히타이트가 맞붙은 이 전투가 기록으로 남아 있는 인류 최초의 전쟁인 '카데시 전투'예요. 이집트와 히타이트 중 어느 쪽이 승리했는지는 기록마다 차이가 있어 확실하지 않답니다.

페르시아 전쟁

기원전 492년 ~ 기원전 479년

기원전 550년경, 페르시아는 이집트 지역에서 인더스강 유역까지 넓은 땅을 지배하는 제국이었어요. 그런데 페르시아의 지배를 받던 이오니아 지방에서 반란이 일어났고, 그리스의 도시 국가 아테네가 이오니아를 도왔어요. 페르시아의 다리우스 1세는 그런 아테네를 용서할 수 없다며, 기원전 490년에 엄청난 수의 군사를 모아 아테네에서 가까운 마라톤 해안으로 쳐들어 갔어요. 페르시아 제국과 그리스의 여러 도시 국가 간의 10여 년에 걸친 전쟁이 시작된 거예요. 한반도 면적의 25배가 넘는 어마어마한 영토를 지닌 페르시아와 에게해 주변의 작은 도시 국가였던 아테네 사이의 전쟁은 과연 어떻게 끝이 났을까요?

다리우스 1세의 그리스 원정

다리우스 1세는 그리스의 도시 국가를 정벌하기 위해 2회에 걸쳐 원정을 떠났어요. 기원전 492년 1차 원정에서는 대규모 군대로 바다와 육지에서 동시에 그리스를 공격하려 했지만, 태풍으로 인해 활 한번 쏘지 못하고 돌아와요. 그리고 2년 후 기원전 490년에 다시 그리스를 공격해요. 1차 원정보다 더 많은 수의 페르시아군은 일주일 만에 그리스의 도시 에레트리아를 무너뜨렸고, 곧 아테네를 무릎 꿇리려 했지만 마라톤 평원에서 크게 패해 다시금 그리스 땅에서 물러나야 했어요.

마라톤 전투

기원전 490년 9월, 다리우스 1세는 아테네를 치기 위해 600척의 함선을 이끌고 그리스 남쪽에 있는 마라톤 해안에 도착했어요. 엄청난 규모의 군대가 육지에 오르자, 위기를 느낀 아테네는 이웃 도시 국가인 스파르타에 도움을 요청했어요. 하지만 스파르타는 지원군을 보내지 않았고, 막다른 길에 놓인 아테네군은 죽음을 각오하고 맞서 싸웠어요. 잘 훈련된 전술과 반드시 이기겠다는 신념으로 맞선 아테네군은 6,400명에 이르는 페르시아군을 죽음으로 몰아넣으며 승리했어요. 이때 아테네군은 192명만이 전사했어요.

마라톤의 전설, 페이디피데스

고대 그리스 역사가 헤로도토스가 남긴 기록에 의하면, 아테네가 스파르타에 지원군을 요청할 때, 전령 페이디피데스가 아테네에서 스파르타까지 약 240킬로미터의 거리를 달려 다급한 소식을 전했다고 해요. 임무를 완수한 페이디피데스 이야기는 후대에 이르러 마라톤 경주의 유래로 널리 퍼졌어요. 페이디피데스가 마라톤 평원에서 쉬지 않고 달려 마라톤 전투의 승리 소식을 아테네 시민에게 전하고 숨을 거두었고, 이를 기념해 마라톤 경주가 생겨났다는 내용이지요. 오늘날 마라톤 경주는 42.195킬로미터를 달린답니다.

위대한 전사들의 최후, 테르모필레 전투

기원전 480년, 다리우스 1세에 이어 페르시아의 왕위에 오른 크세르크세스 1세는 30만 대군을 이끌고 그리스의 또 다른 도시 국가 스파르타를 공격했어요. 이들에 맞선 스파르타군은 고작 300명이었어요. 스파르타의 왕 레오니다스는 직접 300명의 군사를 이끌고 테르모필레에서 끝까지 싸웠어요. 마지막 한 명의 병사마저 페르시아군의 화살에 쓰러지고 나서야 이들의 용맹한 전투는 막을 내렸지요.

민주주의의 밑거름이 된 페르시아 전쟁

페르시아는 강력한 통치자가 지배하는 동양의 제국(황제가 다스리는 나라)이었어요. 그에 반해 그리스의 도시 국가들은 나랏일에 시민이 참여하는 민주적인 국가였지요. 나라를 다스리는 방법이 달랐던 이 두 세력이 부딪혀 그리스가 승리함으로써 역사에서 민주주의 정치가 앞당겨지는 결과를 낳았어요. 그러니까 페르시아의 패배는 민주주의가 발전하는 데 밑거름이 된 셈이지요.

그리스의 전략에 무너진 페르시아, 살라미스 해전

테르모필레에서 승리한 페르시아는 계속해서 그리스를 공격했어요. 기원전 480년 9월경, 크세르크세스 1세가 이끄는 페르시아 함선 800여 척이 아테네와 살라미스섬 사이의 좁은 바다로 당당하게 들어섰어요. 그때 테미스토클레스 장군이 이끄는 그리스 함선이 우르르 몰려 나왔어요. 그리스 함선은 페르시아 함선에 비해 크기는 작았지만 훨씬 빠르고, 뱃머리에 쇠붙이를 대어 아주 튼튼했어요. 게다가 살라미스 해협은 그리스에게는 자기 집 앞마당처럼 익숙한 바다였지요. 테미스토클레스는 이 점을 이용하여 페르시아의 배를 재빨리 들이받고 물러서는 전술을 펼쳤어요.

여기서 쿵! 저기서 꽝! 군대의 규모만 믿고 방심했던 페르시아의 함선 300여 척은 순식간에 바다 속으로 사라졌어요. 그리스 함대는 고작 40척을 잃었지요. 페르시아는 이 살라미스 해전에서 지면서 10여 년에 걸친 전쟁을 패배로 끝낼 수밖에 없었어요. 적은 수의 함선으로 페르시아 함대를 물리친 아테네는 이후 지중해를 지배하며 화려한 아테네 문명을 이룩했고, 페르시아는 몰락의 길로 들어서게 되었어요.

펠로폰네소스 전쟁

기원전 431년 ~ 기원전 404년

아테네를 비롯한 그리스의 도시 국가들이 힘을 합쳐 그리스 땅을 침략한 페르시아를 물리친 이후인 기원전 478년경, 아테네를 중심으로 한 여러 도시 국가가 '델로스 동맹'을 맺어요. 그런데 아테네는 페르시아와 평화 조약을 맺는 등 목적을 달성한 후에도 동맹을 억지로 끌고 가며, 함께 모은 자금을 사적으로 사용하고 동맹국을 지배하려 했어요. 아테네의 횡포에 다른 도시 국가들의 불만은 커졌고, 평소 아테네와 대립하던 스파르타를 중심으로 결성된 '펠로폰네소스 동맹'이 기원전 431년 아테나로 쳐들어가요. 그리스의 도시 국가들이 아테네와 스파르타를 중심으로 편을 나누어 벌인 이 전쟁이 '펠로폰네소스 전쟁'이에요.

케르키라 대 코린토스, 전쟁의 불씨가 되다

기원전 435년 그리스의 악티움 곶 앞바다에서 치열한 해전이 벌어졌어요. 80척의 케르키라 함대와 75척의 코린토스 함대가 맞붙은 거예요. 전투 끝에 승리는 케르키라에 돌아갔지만, 이후 코린토스가 반격을 준비하자 케르키라는 아테네에 도움을 요청해요. 아테네는 스파르타와 맺은 평화 조약 때문에 망설이다가 케르키라와 코린토스가 또다시 대규모의 해전을 벌이자, 이때다 하며 함대를 지원해 코린토스를 몰아내요. 이로 인해 그리스에는 제멋대로 구는 아테네를 못마땅하게 여기는 나라가 더 늘어나게 되었어요.

페리클레스의 농성전

스파르타의 왕 아르키다모스는 기원전 431년 델로스 동맹국인 플라타이아를 함락하며 서쪽으로 향했어요. 목표는 아테네. 이에 아테네의 장군 페리클레스도 100여 척의 전함으로 펠로폰네소스 동맹의 해안가를 휩쓸어 버려요. 페리클레스는 최강의 지상군을 가진 스파르타를 피해 아테네 성 안에서 방어를 하고, 해군으로는 펠로폰네소스 동맹의 항구를 공격하는 농성 전술을 이어 갔어요. 스파르타가 아테네의 벌판을 불태우며 약을 올렸지만 아테네는 꿈쩍도 하지 않았지요. 그런데 갑자기 아테네에 전염병이 퍼져 시민 수만 명이 죽고, 페리클레스마저 세상을 떠나면서 전쟁 시작 1년 만에 아테네는 위기에 빠져요.

아테네의 시칠리아 원정

아테네와 스파르타는 크고 작은 전투를 치루다 기원전 421년 휴전에 이르렀으나, 아테네는 기원전 415년에 시칠리아섬을 빼앗기 위해 원정을 떠나요. 시칠리아는 스파르타의 보급 기지였거든요. 그런데 출발을 앞두고 아테네의 원정 함대를 이끄는 알키비아데스 장군이 모함을 받아 죽을 위기에 처했고, 그는 바로 스파르타로 가 전쟁 계획을 알려요. 시칠리아를 공격한 아테네는 결국 기원전 413년 대패하여 주요 지휘관과 병사 대부분이 전멸하고 말아요. '시칠리아의 대재앙'이라고 불리는 이 싸움은 펠로폰네소스 2차 전쟁의 방향을 바꾸어 놓았어요.

아이고스포타미 해전과 아테네의 항복

기원전 405년, 그리스 트라키아 지방의 아이고스포타미강 하구에서 아테네와 스파르타의 함대가 결전을 치루어요. 아테네가 180척의 함선으로 스파르타를 공격했으나, 스파르타의 리산드로스 장군은 아테네 함대를 흩어지게 하여 하나씩 무너뜨리는 뛰어난 전술로, 바다를 아테네 함선들의 무덤으로 만들어요. 아테네군은 육지로 달아나 다시 싸움을 벌였지만, 결국 스파르타군에 패배하고 말아요. 아테네는 이 전투를 끝으로 해군력을 거의 잃고, 1년 후인 기원전 404년에 스파르타에 항복해요. 지중해에서 가장 강력했던 해상 왕국 아테네는 쇠퇴의 길을 걷게 되지요.

멸망을 불러온 최악의 내전

기원전 404년 펠로폰네소스 전쟁은 아테네가 스파르타에게 항복하며 막을 내렸어요. 민주주의와 철학, 문학, 예술 등 찬란한 문화를 일구어 그리스의 황금 시대를 이끌었던 아테네를 무너뜨린 스파르타는 잠깐 동안이지만 화려한 전성기를 누려요. 그러나 군사의 힘으로 나라를 엄격하게 다스렸던 스파르타는 얼마 가지 않아 지도력을 잃었고, 다른 도시 국가들도 서로 다투다 스스로 무너져 갔어요. 결국 27년에 걸친 펠로폰네소스 전쟁은 화려했던 그리스 문명을 역사 속으로 저물게 한 거예요.

스파르타의 치욕, 스팍테리아 전투

기원전 425년 어느 날 아침, 그리스 펠로폰네소스 지방의 작은 섬 스팍테리아에서는 펠로폰네소스 전쟁 사상 가장 충격적인 전투가 시작되고 있었어요. 전투의 주인공은 아테네가 중심이 된 1,600여 명의 델로스 동맹군과 400여 명의 스파르타군이었어요. "우리가 스파르타 정예병을 이길 수 있을까?" "그러게 말이야. 스파르타는 300명으로 30만 명의 페르시아 군사와 맞섰던 전설의 군대잖아." 청동 갑옷과 창과 방패로 중무장을 하고 섬 중앙에 진을 친 스파르타군을 바라보는 아테네 병사들은 무섭고 불안하기만 했어요. "겁내지 마라. 우리에게는 스파르타를 격파할 비책이 있다!" 병사들의 흔들리는 눈빛을 다잡아 준 사람은 아테네의 뛰어난 장군 데모스테네스였어요. "스파르타군은 무거운 갑옷과 육중한 무기 때문에 빠르게 움직일 수 없다. 재빨리 공격하고 뒤로 빠지는 전술을 계속 펼치면 적의 진영이 언젠가는 무너질 것이다."

데모스테네스는 갑옷 대신 가벼운 옷을 입고 활과 창, 돌멩이로 무장한 경보병을 투입해 스파르타군을 집요하게 공격했어요. 전투는 밤까지 이어졌고, 결과는 살아남은 스파르타군 200여 명의 항복이었어요. "죽을지언정 항복하지 않는다더니, 스파르타의 명성도 이젠 끝이군!" 아테네군은 항복한 스파르타 군인들을 보며 비웃었어요. 스파르타에게 최대의 치욕을 안겨 준 스팍테리아 전투는 그리스 도시 국가 세계에도 '전설'이 무너지는 충격을 주었어요. 이후 아테네와 스파르타는 기원전 421년 휴전하며 펠로폰네소스 1차 전쟁은 끝이 나요.

알렉산드로스의 정복 전쟁

기원전 334년 ~ 기원전 323년

펠로폰네소스 전쟁에서 승리한 스파르타가 그리스의 주인으로 행세한 시간은 짧았어요. 반란과 분열, 다른 도시 국가의 공격에 얼마 버티지 못한 거예요. 이때 떠오른 도시 국가가 마케도니아예요. 마케도니아는 그리스 북쪽의 작은 도시 국가였으나 필리포스 2세에 이르러서 기원전 338년, 테베와 아테네의 연합군을 물리치고 그리스를 호령하게 되었어요. 그리고 필리포스 2세에 이어 마케도니아의 왕이 된 알렉산드로스 3세는 그리스를 넘어 페르시아와 인도까지 세력을 넓혔어요. 이것이 기원전 334년부터 시작된 알렉산드로스의 동방(아시아) 원정이에요. 알렉산드로스는 어떻게 자신의 꿈을 이루었을까요?

동방 원정의 시작, 그라니코스 전투

그라니코스는 튀르키예의 아시아와 유럽 쪽을 가르는 바다인 마르마라해 부근의 강이에요. 기원전 334년에 보병 3만 명과 기병 5천 명, 함대 160척을 이끌고 동방 원정에 나선 알렉산드로스는 이 그라니코스강 주변에서 페르시아군과 전투를 벌여요. 알렉산드로스는 전투 도중 페르시아 장군의 칼에 죽을 뻔하나 심복 클레이토스의 도움으로 구출되기도 하지요. 이 전투에서 페르시아군은 보병 2만 명과 기병 2,500명을 잃지만, 알렉산드로스의 군 전사자는 불과 115명으로 전해질만큼 크게 승리해요.

전쟁의 신이 탄생하다, 이수스 전투

그라니코스 전투를 본 소아시아(아나톨리아: 오늘날의 튀르키예 영토)의 도시들은 알렉산드로스를 따르기 시작했어요. 한편 알렉산드로스의 강력한 군대는 기원전 333년, 이수스라는 곳에서 다리우스 3세의 페르시아와 또다시 전투를 치루어요. 결과는 페르시아의 끔찍한 패배였어요. 자신이 직접 군사를 이끌고 지휘에 나선 다리우스 3세는 왕비와 왕자까지 버리고 달아나야 했으니까요. 알렉산드로스의 빼어난 지휘력과 뛰어난 작전, 군사들의 용맹함이 다시 한번 빛을 발한 이수스 전투로 페르시아군은 심각한 타격을 받게 되어요.

가우가멜라 전투, 페르시아 멸망하다

다리우스 3세는 휴전을 요청했으나, 알렉산드로스는 이를 거절해요. 기원전 331년 10월 어느 날, 티그리스강 상류의 가우가멜라 평원에서 알렉산드로스는 끝장을 보고자 했어요. 다리우스 3세는 24개 나라에서 끌어모은 20만 명의 군대로 알렉산드로스와 맞서요. 하지만 전투가 시작되고 얼마 되지 않아 페르시아군의 대열이 강력한 알렉산드로스의 보병에 의해 깨지며, 페르시아군은 한순간에 와르르 무너져요. 알렉산드로스의 승리로 막을 내린 이 전투를 끝으로 페르시아는 알렉산드로스의 품에 들어가게 되어요. 가우가멜라 전투는 세계 전쟁 역사에서 동양과 서양이 벌인 전투 중 가장 큰 규모의 전투예요.

알렉산드리아 건설

알렉산드로스가 여세를 몰아 시리아, 가자, 페니키아에 이어 이집트의 현관이라고 할 수 있는 펠루시움에게 항복을 받아 내자, 페르시아 총독 마자케스는 저항하지 않고 이집트의 수도 멤피스를 넘겨요. 이집트를 점령한 알렉산드로스는 나일강 하구 마레오티스 호수 근처의 한 어촌에 이집트를 대표하는 새로운 도시를 건설해요. 이곳은 지중해나 나일강으로 나갈 수 있어, 훌륭한 무역항이자 해군 기지로 안성맞춤이었지요. 알렉산드로스는 이 도시를 자신의 이름을 따 '알렉산드리아'라고 불렀어요. 그런데 알렉산드리아라는 이름의 도시는 이곳뿐이 아니었어요. 기록에 의하면 알렉산드로스가 정복한 땅에는 70여 개에 이르는 알렉산드리아가 있었다고 해요.

헬레니즘 문화를 꽃피운 동방 원정

기원전 324년, 알렉산드로스는 병사들이 지치고 열병까지 퍼지자 동방 원정을 인도에서 멈춰요. 그리고 다음 해인 기원전 323년에 바빌론에서 죽음을 맞이하지요. 그는 유럽과 아시아, 아프리카에 걸친 대제국을 세웠어요. 이 광대한 지역을 하나의 영향권으로 묶음으로써 서로의 문화가 자연스럽게 섞이는 계기를 만들어 주었어요. 이렇게 동서양의 문화가 섞이면서 '헬레니즘 문화'가 탄생하였는데, 헬레니즘 문화는 과학, 철학, 문학, 역사 등의 다양한 학문과 예술, 종교에 큰 영향을 끼쳤어요.

대제국의 끝, 히다스페스 전투

기원전 326년, 인더스강 지류인 히다스페스강 앞에서 군대를 멈춘 알렉산드로스는 고민에 빠졌어요. 강 건너에 진을 친 인도의 포루스 왕은 보병 3만 명, 기병 4천 명, 전투용 마차 300대에 200마리의 코끼리를 부리는 특별한 부대까지 거느리고 있었기 때문이에요. 거기에 비하면 알렉산드로스의 군대는 보병 1만 5천 명과 기병 5천 명뿐이었지요. '강은 깊고 물살도 빨라. 더구나 코끼리를 보고 말들이 놀라 뗏목이 뒤집히고 말거야.' 강을 쉽게 건너기 어렵다고 생각한 알렉산드로스는 계략을 꺼냈어요. "기병대에게 매일 강을 건너는 시늉을 하도록 시켜라!" 명령을 받은 기병대가 강의 상류와 하류를 오르내리자, 키가 210센티미터가 넘는 거인 포루스 왕은 코끼리 부대로 기병대를 막으려 했어요. 하지만 매일 같은 일이 반복되자 포루스 왕은 콧방귀를 뀌며 대비하지 않았고, 알렉산드로스는 강물이 얕아질 때까지 건너지 않겠다는 유언비어까지 퍼뜨렸어요.

마침내 폭풍우가 거세게 몰아치는 날, 알렉산드로스는 갑자기 강을 건너 기습을 감행했어요. 긴 창과 활로 코끼리를 모는 기수를 집중 공격하고, 빠른 기병대로는 전투용 마차를 박살 내도록 했어요. 보병의 대결에서도 긴 창으로 무장한 알렉산드로스의 군대가 우세했지요. 포루스 왕은 용맹하게 맞섰지만 결국 부상당한 채 붙잡혔어요. 알렉산드로스는 포루스에게 어떤 대우를 원하는지 물었고, 그는 왕으로 대우해 달라고 답했어요. 알렉산드로스는 패배했음에도 목숨을 구걸하지 않는 기개에 고개를 끄덕이며 그를 왕으로 복귀시켰어요. 알렉산드로스는 히다스페스 전투에서 승리하며 그리스에서 인도에 이르는 대제국 건설의 꿈을 이루었어요.

포에니 전쟁
기원전 264년 ~ 기원전 146년

그리스에서 지중해를 건너온 3천여 명의 작은 도시 국가로 출발한 로마는 기원전 272년에 이탈리아반도를 통일했어요. 힘이 세진 로마는 곧 지중해 전체로 눈을 돌렸지요. 지중해는 이미 페니키아 사람들이 세운 카르타고가 휘어잡고 있었지만, 로마는 시칠리아를 넘보며 지중해의 주인이 되려는 마음을 숨기지 않았어요. 지중해에서 해상 무역으로 발전해 온 카르타고는 그런 로마를 지켜만 볼 수 없었어요. 시칠리아를 빼앗기면 사실상 지중해에서 무역권을 잃는 것과 마찬가지였거든요. 오랫동안 지중해의 주인으로 행세한 카르타고, 강력한 군사력을 앞세워 지중해를 넘보는 신흥 강자 로마. 과연 두 나라는 전쟁을 피할 수 있을까요?

포에니 전쟁의 시작, 메사나 전투

로마와 가까운 섬 시칠리아에는 도시 국가 메사나와 시라쿠사가 있었어요. 그런데 시라쿠사가 메사나를 공격하는 일이 벌어지자, 메사나는 카르타고와 로마에 각각 도움을 요청해요. 로마는 카르타고가 시칠리아섬 전체를 장악하면 위험해질 수 있었기에, 메사나에 서둘러 군대를 보냈지요. 이에 카르타고는 시라쿠사와 힘을 합쳐 메사나를 포위하고 로마군의 상륙을 막으려 했어요. 그러나 로마는 감시가 소홀해진 깊은 밤에 모든 군대를 수송선에 태우고 상륙해 카르타고군을 몰아내요. 기원전 264년에 벌어진 이 전투로 1차 포에니 전쟁이 시작되었어요.

시칠리아는 로마의 것, 아에가테스 해전

1차 포에니 전쟁 초반에는 카르타고가 강력한 해군력으로 로마를 압도해요. 하지만 전쟁을 치루며 로마도 바다에서 싸우는 법을 익히게 되었지요. 기원전 241년, 로마는 아에가테스 제도의 바다에서 카르타고와 맞붙어요. 로마군은 카르타고 함선을 뱃머리로 들이받고 갑판 위에 올라가 공격을 퍼붓는 전술로 크게 승리해요. 1차 포에니 전쟁의 마지막 전투가 된 이 해전에서 진 카르타고는, 시칠리아의 지배권을 로마에게 빼앗기고 막대한 배상금까지 물어야 했어요.

알프스를 넘어 로마를 공격한 한니발, 칸나이 전투

기원전 218년, 2차 포에니 전쟁이 일어나자 로마는 카르타고군이 올 수 있는 바닷길을 장악하고 감시해요. 그러나 '전략의 아버지'로 불리는 카르타고의 한니발 장군은 피레네산맥과 알프스산맥을 넘어 이탈리아반도 북쪽으로 쳐들어가요. 그리고 기원전 216년 이탈리아반도 남쪽의 칸나이에서 8만여 명의 로마군과 결전을 치르게 되지요. 한니발은 5만여 명의 군대를 초승달 모양으로 배치하고, 로마군을 가운데로 끌어들였어요. 한니발의 전술에 휘말린 로마군은 7만여 명의 병사가 전사했어요. 반면, 카르타고 전사자는 고작 6천여 명이었지요. 이 '칸나이 전투'로 한니발은 역사상 최고 명장 중 하나로 손꼽히게 되었어요.

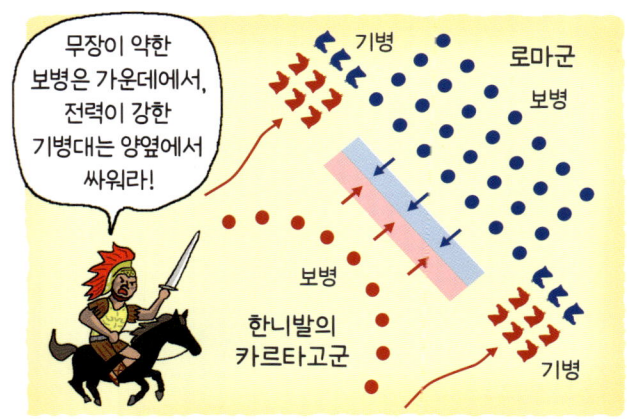

3년 동안 지속된 카르타고 공방전

2차 포에니 전쟁에서 패한 카르타고는 군사력이 약해져 로마와 상대가 되지 않았지만 여전히 부유했어요. 그런 카르타고가 언젠가 위협이 될 것이라 생각한 로마는 허락 없이 군사 행동을 했다는 이유를 들어 기원전 149년 카르타고를 공격해요. 카르타고는 성문을 걸어 잠그고 온 힘을 모아 저항했지만, 병력도 무기도 식량도 부족했던 카르타고는 결국 3년 만에 로마에게 무릎을 꿇고 말아요. 로마는 시민들을 학살하고 건물을 파괴하는 건 물론이고, 나무를 뽑고 소금까지 뿌리며 카르타고를 폐허로 만들어요.

지중해에서 세계로, 대로마 제국의 탄생

로마는 기원전 146년 3차 포에니 전쟁에서 승리하고, 지중해의 해상 무역을 완전하게 장악해요. 이탈리아반도에서 히스파니아, 북아프리카 지방까지 지배하게 되어 막대한 경제력도 갖추게 되었지요. 로마는 이를 바탕으로 계속해서 힘을 키워 나중에는 마케도니아, 그리스, 소아시아 지방에 이르는 대제국을 건설하게 되어요. 카르타고와 120년간 세 차례에 걸쳐 벌인 포에니 전쟁은 로마가 세계로 나아가는 발판이 되어 준 셈이에요.

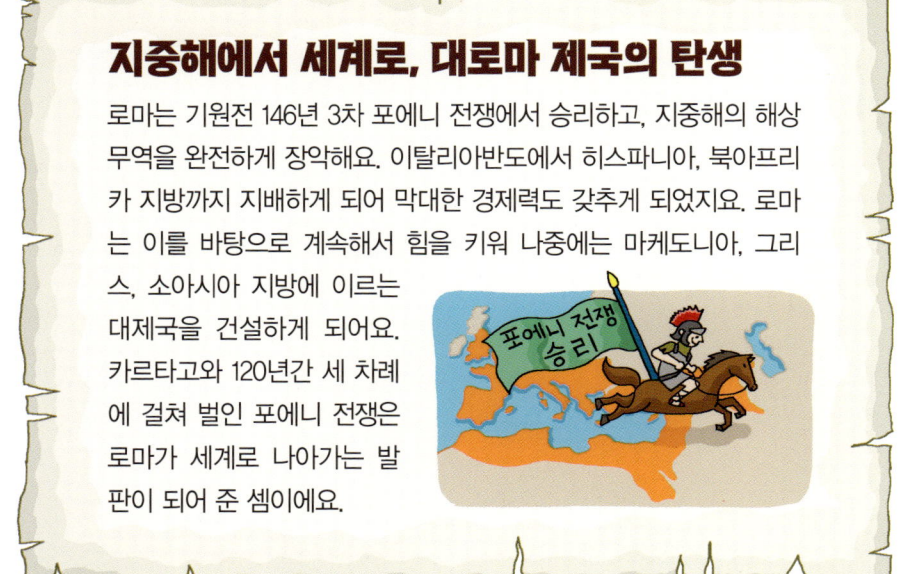

한니발의 코끼리 부대와 자마 전투

"코끼리 부대가 돌격해 적의 기병대를 혼란에 빠뜨리면, 보병들이 포위해 재빨리 적을 섬멸한다." 기원전 202년, 카르타고의 남서쪽에 있는 자마에서 스키피오 장군이 이끄는 로마군과 결전을 치루게 된 한니발은 작전을 지시했어요. 로마군에 비해 기병의 전력이 약한 대신 보병 부대가 강했던 카르타고군은 코끼리 부대를 맨 앞에 세우고 한니발의 명령을 기다렸어요. "지금이다. 코끼리 부대는 전진하라!" 로마군이 진군해 오는 것을 보고 한니발이 소리치자, 80여 마리의 전투 코끼리가 흙먼지를 일으키며 달려 나왔어요. 전투 코끼리들의 압도적인 크기와 위용에 로마군은 금방이라도 부서져 내릴 것 같았어요. 그때였어요. "나팔을 울리고, 코끼리가 지나갈 길을 열어라!" 로마군은 코끼리 부대와 맞서지 않고 갑자기 나팔을 불었어요. 뿌웅! 뿌웅! 코끼리들이 나팔 소리에 놀라 날뛰기 시작했어요. 어떤 코끼리는 방향을 잃고 다른 코끼리를 들이받기도 했지요. 로마군은 코끼리를 피하며 활과 창으로 코끼리를 공격했어요. 코끼리 부대가 어이없이 무너지자 한니발은 정예 병사를 이끌고 온 힘을 다해 싸웠어요.

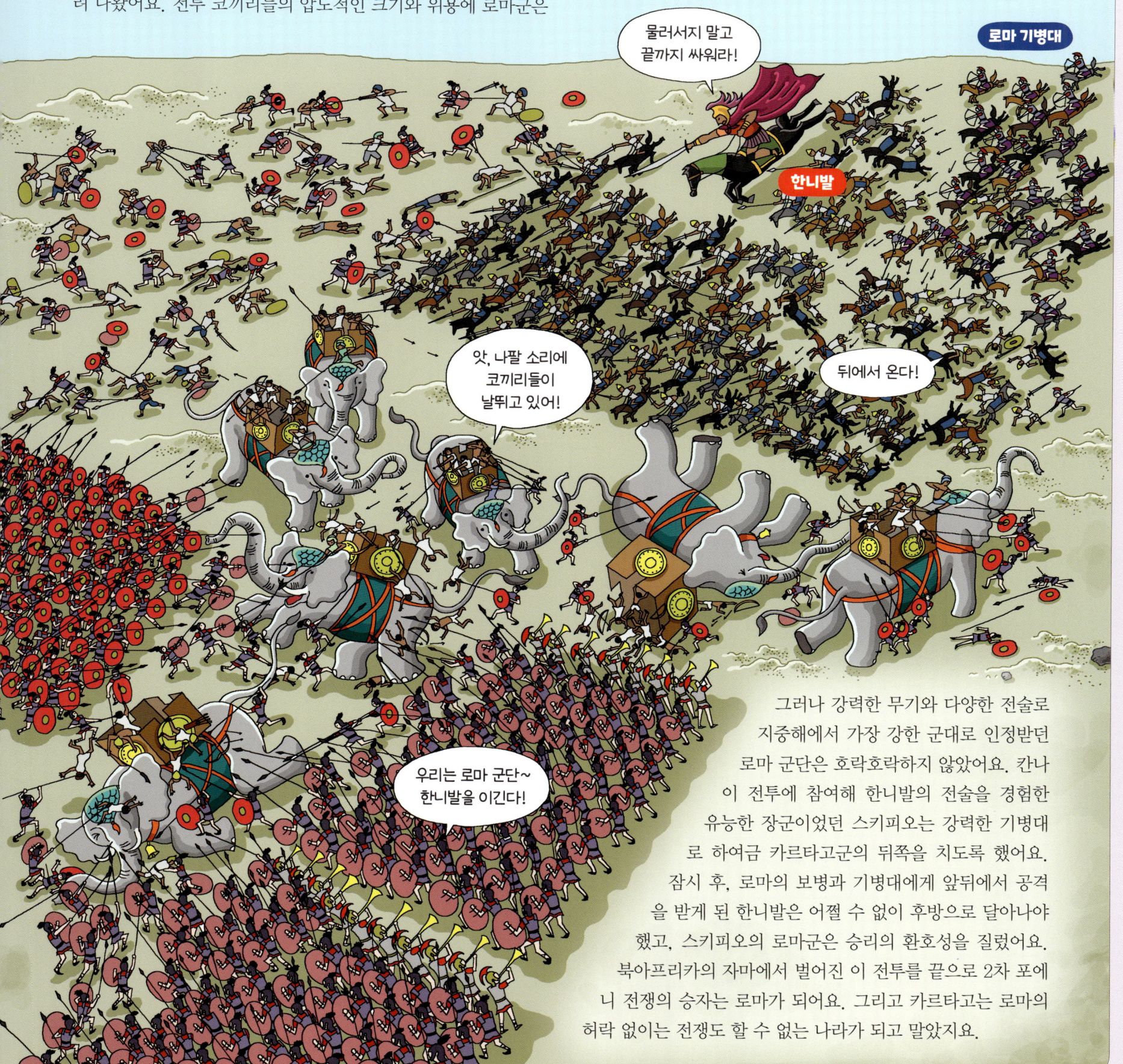

그러나 강력한 무기와 다양한 전술로 지중해에서 가장 강한 군대로 인정받던 로마 군단은 호락호락하지 않았어요. 칸나이 전투에 참여해 한니발의 전술을 경험한 유능한 장군이었던 스키피오는 강력한 기병대로 하여금 카르타고군의 뒤쪽을 치도록 했어요. 잠시 후, 로마의 보병과 기병대에게 앞뒤에서 공격을 받게 된 한니발은 어쩔 수 없이 후방으로 달아나야 했고, 스키피오의 로마군은 승리의 환호성을 질렀어요. 북아프리카의 자마에서 벌어진 이 전투를 끝으로 2차 포에니 전쟁의 승자는 로마가 되어요. 그리고 카르타고는 로마의 허락 없이는 전쟁도 할 수 없는 나라가 되고 말았지요.

초한 전쟁

기원전 206년 ~ 기원전 202년

기원전 221년 중국 대륙을 최초로 통일한 진나라는 15년간의 짧은 영광을 누리다 기원전 206년에 멸망했어요. 이후 그 빈자리를 놓고 여러 나라가 다투었는데, 특히 항우와 유방이 강력한 지도자로 떠올랐어요. 항우는 진나라를 멸망시킨 주역으로 초나라를 이끌었고, 유방은 한때 항우에게 죽임을 당할 뻔했으나 장량이라는 책사의 지략으로 살아나 끝내는 한나라를 세웠어요. 힘은 산을 옮기고, 기운은 세상을 덮는다고 할 만큼 용맹한 항우와 뛰어난 안목으로 인재를 모으고 함께 세력을 키워 낸 정확한 판단력의 소유자 유방. 중국 역사상 최고 라이벌로 꼽히는 이들 중 혼란에 빠진 천하를 통일한 영웅은 누구일까요?

팽성 대전, 기습이란 이런 것이다

기원전 205년, 유방은 56만의 대군을 이끌고 항우가 제나라를 공격하러 간 틈을 타 초나라의 수도 팽성을 손쉽게 함락해요. 그러나 항우는 소식을 듣자마자 3만의 정예군만 데리고 전속력으로 달려와, 팽성의 지리를 이용하여 유방의 군대를 기습해요. 매일 잔치를 벌이며 기강이 무너지던 유방과 한나라군은 허를 찔렸고, 기세등등한 초나라 정예군의 공격에 속수무책으로 쓰러졌어요. 항우는 서둘러 퇴각하는 유방을 끝까지 뒤쫓았고, 강에 가로막혀 달아나지 못하는 유방의 군사들을 물귀신으로 만들어 버렸어요. 3만의 군사로 56만 대군을 물리친 항우의 팽성 대전은 중국 역사에서 첫손에 꼽는 기습 작전이에요.

항우 녀석, 북쪽이 아니라 서쪽에서 기습하다니….

유방의 반격, 경색 전투

팽성에서 패하고 항우에게 쫓기던 유방은 형양 주변의 '경읍'과 '색'에서 초나라군을 맞이하게 되어요. 항우의 추격군은 모두 기병이고 사기도 매우 높았기에, 유방은 속히 기병 부대를 만들고 총사령관 한신과 기병 대장 관영에게 맡겨 이들을 막게 했어요. 두 장수는 기세만 믿고 달려드는 초나라군을 형양 동쪽에서 공격해 물리쳐요. 전투에 패한 초나라군이 퇴각하자, 관영은 별동대(작전을 위해 독자적으로 움직이는 부대)를 이끌고 그들의 뒤를 치며 초나라의 보급선까지 파괴하지요. 경색 전투의 승리로 유방은 팽성에서의 패배를 딛고, 다시 항우와 맞설 힘을 모으는 시간을 벌 수 있었어요.

3만 대 20만의 대결, 정형 전투

초나라에 전투 천재 항우가 있었다면, 한나라에는 전투의 신 한신이 있었어요. 한신은 유방의 명령으로 북쪽 조나라 정벌에 나섰는데, 한신의 군사는 3만, 조나라군은 20만으로 숫자로만 보면 계란으로 바위 치기였어요. 한신은 2천 명의 깃발 부대를 숨겨 두고, 정예 부대는 '강을 등진 곳에 배치'한 뒤 자신은 나머지 군사로 조나라군을 끌어들였어요. 이어 강을 등진 군사들이 싸우는 동안 깃발 부대로 하여금 성을 점령하도록 했지요. 3만의 군사로 20만 대군과 싸워 승리한 한신의 전술은 다름 아닌 '배수진'이었어요.

물러설 곳 없는 병사들이 필사적으로 싸우도록 하는 전술

배 수 진

엎치락뒤치락, 형양·성고 공방전

유방이 경색 전투의 승리와 한신의 대활약으로 조금씩 세력을 회복하자 기원전 204년, 항우는 직접 군사를 이끌고 유방이 있는 형양을 포위해요. 무력으로 이길 수 없었던 유방은 이간책을 써서 초나라의 두뇌인 범증을 항우와 갈라놓고, 형양 서쪽의 성고로 들어가 수비를 견고하게 했어요. 항우는 형양을 함락하고 이어 성고를 빼앗았지만, 유방은 이미 성고에서도 빠져나간 후였지요. 유방은 달려드는 항우의 군사를 치고 빠지는 방법으로 계속 괴롭혔고, 특히 '사수'라는 곳에서 강을 건너는 초나라군을 크게 무찔러요. 결국 항우는 형양과 성고 공방에서 점령지를 넓히지도, 유방을 잡지도 못해 곤란한 지경에 빠지게 되었어요.

유방 녀석, 가만 안 둬!

전쟁에서 승리하는 비결

리더십의 유방

초한 전쟁에서 처음에는 항우의 힘이 훨씬 강했지만, 시간이 지날수록 유방의 세력이 점점 커지게 되었어요. 항우는 강하고 용감한 장수이자 지도자로서 힘으로는 따라올 사람이 없는 반면, 유방에게는 한신, 장량, 소하 같은 인재가 있었지요. 유방은 전투는 한신에게, 정치와 외교는 장량에게, 경제는 소하에게 맡기는 등 인재를 알맞은 자리에 앉혀 능력을 발휘하게 했어요. 또 항우는 전쟁 포로를 죽이고 백성을 힘으로 억눌렀지만, 유방은 관용을 베풀며 백성에게 희망을 주는 지도력을 발휘했지요. 이런 차이 덕분에 기원전 202년 유방은 항우를 꺾고, 관중 지역을 점령해 황제 자리에 오를 수 있었어요.

사면초가 속에 맞은 항우의 최후, 해하 전투

기원전 202년, 해하에서는 한나라 유방과 초나라 항우의 마지막 전투가 벌어져요. 한신은 군사 30만을 이끌고 나가 항우와 그의 10만 군사를 진영 깊숙이 끌어들였어요. 그리고 왼쪽에 공취, 오른쪽에 진하로 하여금 양쪽에서 기습케 하고, 자신은 갑자기 방향을 바꾸어 달려드는 항우와 정면 대결을 펼쳤지요. 한신의 전술이 빛을 발한 해하 전투로 항우는 크게 패했고, 초나라군은 한나라군에게 포위를 당하는 꼴이 되었어요. 밤이 되자 초나라군의 귀에 낯익은 노래가 들려왔어요. 유방이 일부러 자기 군사에게 초나라 노래를 부르게 한 거예요. '한나라 군대 안에서 초나라 노래가 들리다니, 천하는 이미 유방에게 넘어갔단 말인가?' 초나라 군사들은 패배감과 고향을 그리는 마음에 동요되어 너도나도 도망을 갔고, 항우와 함께 새벽을 맞은 군사는 800여 명에 불과했어요. 모든 것이 끝났음을 직감한 항우는 추격대를 피해 숲과 늪을 헤치며 달아나 오강의 나루에 이르렀어요.

이때 그의 곁에는 28명의 부하만 남아 있었지요. 부하들은 고향으로 돌아가 다시 군대를 모으시라 간청했지만 항우는 고개를 저었어요. "하늘이 나를 버리려 하는데, 강을 건너는 게 무슨 소용이 있겠는가? 고향에 돌아갈 면목이 없구나." 항우는 배를 타지 않고 자신의 말을 뱃사공에게 준 뒤, 추격해 오는 한나라군에 돌진했어요. 부하들 역시 항우과 함께 100여 명의 한나라 군사를 단숨에 해치웠지요. 그러나 수천 명의 추격대와 맞서기는 힘에 부쳤어요. "내 목에 큰 상금이 걸려 있다지. 내 너에게 마지막 은혜를 베풀겠다." 항우는 자신을 배신하고 한나라 장수가 된 옛 부하 앞에서 결국 스스로 목숨을 끊었어요. 이후 유방은 한나라의 황제로서 중국 대륙을 다시 통일했답니다.

카이사르의 로마 권력 전쟁
기원전 61년 ~ 기원전 31년

포에니 전쟁에서 승리하며 세계를 호령하게 된 로마는 평민 세력과 귀족 세력이 원로원을 이루어 나라를 다스렸어요. 그런데 로마 시민에게 큰 인기를 얻고 있던 카이사르와 귀족 대표 폼페이우스 사이에 내전이 벌어져요. 영토 확장에 앞장서며 산전수전 다 겪은 카이사르와 원로원은 물론 군대까지 마음대로 하려는 폼페이우스가 로마의 최고 자리를 놓고 벌이는 집안 싸움이 시작된 거예요. 카이사르와 폼페이우스의 내전 이후에도 로마 최고 권력자가 되기 위한 싸움은 안토니우스와 옥타비아누스에 의해 또다시 벌어지지요. 지중해를 넘어 세계 최강의 제국이 된 로마는 과연 누구에게 왕좌를 내주었을까요?

갈리아 전쟁과 루비콘강

기원전 58년에서 기원전 51년까지 카이사르가 이끄는 로마 원정군은 갈리아 부족 연합과 전쟁을 벌였어요. 카이사르는 7년 동안 갈리아 전 지역을 장악하는 놀라운 전과를 올렸지요. 그런데 그가 로마로 귀환하려 할 때 폼페이우스가 이끄는 원로원으로부터 군대를 해산하고, 민간인 신분으로 들어오라는 명령이 전해져요. 카이사르에게 그것은 곧 목숨을 내놓는 것과 같았어요. 명령을 따를 수 없었던 카이사르는 궁리 끝에 군대를 모아 로마로 향해요. 그리고 무장을 해제하지 않은 채 그대로 루비콘강을 건넜지요.

디카리움 공방전에서 허를 찔린 카이사르

카이사르의 군대가 진격해 오자, 폼페이우스는 로마를 버리고 바다 건너로 달아났어요. 카이사르의 추격 끝에 기원전 48년 4월, 지금의 알바니아에 속하는 디카리움에서 드디어 전투를 치르게 되어요. 카이사르는 폼페이우스군을 포위하고 공격을 퍼부었지만 전선은 쉽게 무너지지 않았어요. 오히려 그해 7월에 그의 군대에서 도망친 갈리아 출신 병사가 폼페이우스에게 중요한 정보를 건네는 바람에 기습을 당해요. 카이사르는 이날 전투에서 많은 병력을 잃고 퇴각해야 했는데, 폼페이우스는 이를 속임수라고 생각해 쫓지 않아요. 덕분에 카이사르는 정예병을 잃지 않고 다음 전투를 준비할 수 있었어요.

카이사르의 복수전, 파르살로스 전투

디카리움 전투에서 패한 카이사르는 폼페이우스를 평지로 꾀어 자신에게 유리한 싸움을 하려고 했어요. 폼페이우스는 그런 속셈도 모르고 승리에 취해 카이사르를 뒤쫓았지요. 기원전 48년 8월 9일, 그리스의 파르살로스 평원에서 카이사르와 폼페이우스는 마침내 운명을 걸고 승부를 가리게 되어요. 군대 규모는 폼페이우스가 우위였으나, 카이사르의 군대는 크고 작은 전투에서 경험을 쌓은 용감한 군인이 많았어요. 거기에 카이사르는 잘 훈련된 2천 명의 별동대를 비밀 병기로 숨겨 두고 있었지요. 하루 동안 벌어진 이 전투에서의 승자는 카이사르였어요.

카이사르의 죽음과 클레오파트라

파르살로스 전투에서 승리한 카이사르는 로마 최고 권력자가 되었어요. 하지만 영원할 것 같던 그의 권력도 기원전 44년, 부하인 브루투스에게 죽임을 당함으로써 허무하게 끝나고 말지요. 카이사르가 죽자 안토니우스와 옥타비아누스가 황제 자리를 놓고 다툼을 벌여요. 안토니우스는 처음에 옥타비아누스와 친하게 지내기 위해 그의 누이인 옥타비아와 결혼해요. 그러나 이집트의 여왕 클레오파트라와 사랑에 빠져, 옥타비아를 두고 또 결혼을 하지요. 기원전 31년 결국 내전이 시작됐고, 옥타비아누스는 로마 군대를 이끌고 안토니우스가 있는 악티움으로 향해요.

로마, 황제의 시대를 열다

로마는 그리스 문명의 영향으로 민주적인 통치를 해 온 공화국이었어요. 평민 대표와 귀족 대표 등이 원로원이라는 기관에 모여 의견을 나누며 나라를 다스렸지요. 그런데 카이사르에서 옥타비아누스로 이어지는 권력 전쟁의 결과, 원로원은 유명무실해지고 황제가 직접 나라를 다스리는 제국이 되었어요. 카이사르는 황제는 아니었지만 그 이상의 힘으로 독재를 했고, 옥타비아누스는 로마 최초로 황제의 자리에 올랐어요. 옥타비아누스는 황제가 되어 '아우구스투스(존엄한 자)'로 불리웠어요.

로마의 승리로 끝난 악티움 해전

"이집트 함선은 크지만 움직임이 느리다. 여러 척의 함선으로 포위해 공격하라!" 기원전 31년 9월 2일, 그리스 북서부 악티움반도 앞바다에서 로마 함대 사령관인 아그리파가 작전 명령을 내렸어요. 옥타비아누스의 친구이자 부하인 아그리파 장군은 이집트 함대와 대결을 펼치고 있었어요. 그는 이집트 함대를 맞서기 전에 치밀한 작전을 세웠어요. 작지만 가볍고 빠른 로마 함선을 이용해 치고 빠질 것, 바람이 부는 방향을 등지고 싸워 이집트 함선의 공격을 어렵게 할 것. 아그리파는 서서히 다가오는 이집트 함대를 응시하며 바람의 변화에 집중했어요. 이윽고 바람이 이집트 함대 쪽으로 방향을 바꾸었어요. "이때다. 바람을 등지고 돌격해 적의 함선을 포위 격파하라!" 아그리파의 목소리는 단호하고 확신에 차 있었어요. 로마의 함대가 달려들자 악티움 앞바다는 순식간에 1천여 척의 함선으로 뒤엉켰어요. 쿵! 쿵! 여기저기서 천둥 같은 소리가 들리고 나면 어김없이 육중한 이집트 함선이 바닷속으로 가라앉았어요. "아니, 어찌하여 크고 튼튼한 우리 함선이 저리 쉽게 침몰한단 말이냐?" 클레오파트라는 하나둘 사라지는 자신의 함선을 보며 한탄했어요.

"나의 제국을 건설하려는 꿈이 이렇게 사라지는구나." 이집트 연합 함대를 지휘하던 안토니우스 역시 로마 함대에 부서져 가는 자신의 배 위에서 절망의 탄식을 쏟아 냈어요. 안토니우스는 자신의 배에서 탈출해 클레오파트라의 배를 얻어 타고 이집트로 도망쳤어요. 안토니우스가 달아나자 남은 그의 함대는 싸울 생각을 버리고 옥타비아누스군에게 항복했어요. 옥타비아누스는 비록 적으로 싸웠으나, 안토니우스를 따르던 로마 병사들을 기꺼이 자신의 군대로 받아들였어요. 악티움 해전의 결과 옥타비아누스는 로마의 황제가 되었고, 클레오파트라와 안토니우스는 이듬해 로마 군대가 이집트를 점령하자 스스로 목숨을 끊었답니다.

위촉오 삼국 전쟁

184년 ~ 280년

중국 후한 말 184년, 100여 개에 이르는 제후국(황제가 임명한 지방 통치자가 다스리는 영토)이 얽히고 설켜 다툼을 벌이는 사이 '황건적의 난'이 일어났어요. 황건적의 난은 황제를 앞세운 벼슬아치와 친척들이 나라를 혼란에 빠뜨리자 가난과 억압에 시달리던 농민들이 일으킨 반란이에요. 황실과 중앙정부는 반란을 제압할 힘이 부족했기에 제후들도 진압에 나섰는데, 그 과정에서 조조와 유비, 손권은 나라를 세울 만큼 강한 세력을 얻어요. 빼어난 지도력으로 백성의 마음을 얻고, 놀라운 전술과 전략으로 전투를 승리로 이끌며 중국 대륙을 셋으로 나누어 대결하는 삼국 시대가 온 거예요. 천하를 얻고자 때로는 싸움을 벌이고, 때로는 손을 잡았던 이들은 어떤 결과를 맞이하게 되었을까요?

동탁 민심을 잃다, 동탁 토벌전

189년, 나라가 혼란한 틈에 권력을 잡은 동탁은 마음대로 황제를 바꾸고 포악한 정치를 펼쳤어요. 이에 다음 해 원소를 중심으로 조조, 손견, 유비 등 여러 제후가 연합하여 동탁 토벌에 나섰지요. 연합군에 위협을 느낀 동탁은 낙양의 궁궐을 불태우고, 수도를 장안으로 옮기며 위기에서 벗어나려 했어요. 하지만 동탁의 횡포는 계속되었고, 토벌전에서 연합군과 맞섰던 양아들 여포에게 배신당하며 목숨을 잃어요. 권력을 잡은 여포 역시 198년, 하비성에서 부하들의 배신으로 조조에게 넘겨져 처형을 당하고 말지요.

적토마를 타는 최고의 장수이자 배신의 아이콘, 나는야 여포!

조조와 원소의 대결, 관도 전투

조조와 원소는 200년에 황허강 주변의 관도에서 큰 전투를 벌였어요. 당시 조조는 헌제(후한의 마지막 황제)를 보호한다는 이유로 세력을 키웠고, 원소는 부패한 환관들을 물리치고 권력을 잡은 상태였어요. 중국의 북부 지역에서 막상막하의 세력을 꾸리게 된 둘은 맞대결을 피할 수 없었지요. 봄부터 가을까지 밀고 밀리는 싸움이 계속되던 중, 조조는 재빠른 결단과 탁월한 지휘력으로 원소의 식량 보급대와 주력 부대를 격파하고 승리를 얻게 되어요. 관도 대전 이후 조조는 중국 북부를 지배하는 새로운 강자가 되었어요.

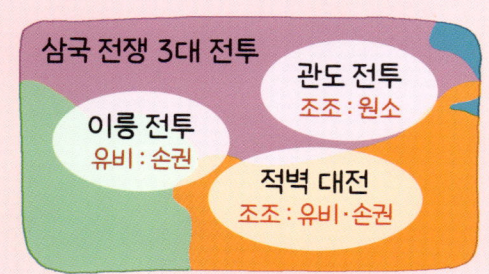

삼국 전쟁 3대 전투
- 이릉 전투 유비 : 손권
- 관도 전투 조조 : 원소
- 적벽 대전 조조 : 유비·손권

이릉 전투와 유비의 최후

제갈량, 내 아들 유선과 촉나라를 부탁하오.

형주를 지키던 관우가 손권과 조조의 연합군에 의해 죽고, 유비는 복수를 위해 221년에 군사를 일으켜 손권을 공격해요. 매일같이 관우의 죽음을 슬퍼하던 장비까지 부하에게 죽임을 당하자, 유비는 책사 제갈량과 조자룡 등 많은 장수의 반대에도 불구하고 응징에 나선 거예요. 유비는 제갈량을 남겨 두고 왔음에도 처음에는 승리를 거듭했어요. 하지만 222년 이릉에 이르러 유비의 작전을 모두 간파한 육손의 화공(불을 이용한 공격)에 크게 패하고, 백제성으로 후퇴해요. 이릉 전투 이후 유비는 자책감과 그리움에 병을 얻어, 제갈량에게 뒷일을 맡기고는 백제성에서 눈을 감았어요.

오장원 전투, 하늘의 별이 된 제갈량

제갈량은 유비의 유언을 가슴에 품고, 북쪽의 위나라를 정벌하고 낙양을 되찾으려 했어요. 그는 출정에 앞서, 유비에 이어 황제가 된 유선에게 글을 올렸어요. '출사표'로 불리는 이 글에서 제갈량은 유선에게 충성을 맹세하며, 조정의 기강을 바로잡고 백성을 편안하게 해야 한다고 강조했어요. 또 그러기 위해 간신을 멀리하고, 인재를 널리 등용하라는 당부를 남겼지요. 제갈량은 234년, 마지막 북벌에 나섰다가 오장원에서 병을 얻어 끝내 하늘의 별이 되었답니다.

출사표
폐하, 이제 중원을 평정하려 합니다. ……
선황의 뜻을 마음 깊이 새기소서. ……

삼국지를 탄생시킨 영웅들의 시대

조조, 유비, 관우, 장비, 제갈량 등 수많은 영웅이 천하를 얻기 위해 지략을 펼친 위촉오 삼국 전쟁. 이 삼국 전쟁을 이야기로 엮은 것이 바로 흔히 삼국지로 불리는 《삼국지연의》예요. 220년 조조가 죽자 그의 아들 조비가 세운 '위나라', 유비가 관우, 장비, 제갈량의 도움을 받아 세운 '촉나라(촉한)', 유비와 힘을 합쳐 조조를 물리친 손권이 황제가 된 '오나라'의 삼국 시대는 중국 역사에서 가장 흥미진진한 전쟁이 곳곳에서 벌어지던 시기였답니다.

중국을 셋으로 나눈 전투, 적벽 대전

중국 양쯔강의 적벽에는 8천 척에 이르는 조조의 함대를 북쪽에 두고, 유비와 손권의 연합군이 남쪽에서 힘겨루기를 하고 있었어요. "조조의 대군을 물리칠 방법이 있습니까?" 손권의 신하 주유가 물었어요. "있습니다. 그것은 바로 화공입니다." 제갈량이 대답했지요. "화공이라면 불을 이용해 공격하는 것인데, 바람이 우리 쪽을 향해 불어오는 지금 어떻게 화공을 펼친단 말입니까?" 주유가 다시 묻자 제갈량은 속삭이듯 말했어요. "바람의 방향은 곧 바뀔 것이니 걱정하지 마시오." 제갈량은 화공이 성공하려면 쇠사슬로 배들을 하나로 묶는 '연환계'를 써야 한다고도 했어요. 제갈량에 대한 믿음이 두터운 주유는 첩자를 보내, 배를 쇠사슬로 묶고 널빤지로 연결하면 멀미도 가시고, 돌림병도 나아질 것이라고 조조를 속였어요. 이 계략에 깜빡 속은 조조는 모든 배를 쇠사슬로 연결하고 그 위에 널빤지를 깔았지요. 잠시 후, 드디어 바람이 바뀌었어요. "동남풍이다. 적진으로 쾌속선을 보내라!" 주유는 기름에 적신 짚단과 갈대를 싣고, 파란 깃발을 꽂은 10척의 쾌속선을 조조의 진영으로 돌진시켰어요.

그러고는 쾌속선이 조조의 함대에 다다를 때쯤 불화살을 쏘아 배들에 불을 붙였어요. "화공이다. 모든 배는 각기 흩어져라!" 조조의 함선 여기저기서 다급한 소리가 들렸지만, 쇠사슬에 묶여 있던 배들은 쉽사리 움직일 수 없었고, 조조의 진영은 순식간에 불바다가 되었어요. 208년 양쯔강에서 벌어진 이 전투를 '적벽 대전'이라고 해요. 조조에 비해 군사나 세력이 약했던 유비와 손권이 손을 잡고 치른 적벽 대전은 조조에게 큰 패배를 안겼어요. 반면 유비와 손권은 승리로 더욱 더 막강한 힘을 얻었고, 중국 대륙은 그야말로 조조, 유비, 손권이 벌이는 삼파전의 장이 되었답니다.

당나라와 이슬람 전쟁
747년 ~ 751년

8세기 무렵, 중국에서는 수나라에 이어 전국을 통일한 당나라가 막강한 군사력으로 주변 나라들을 위협하고 있었어요. 당나라가 특히 욕심을 내는 곳은 비단길이 있는 중앙아시아 지역(서역 : 중국의 서쪽에 있는 여러 나라를 통틀어 이르는 말)이었어요. 중국은 오래전부터 비단길을 통해 서양과 무역을 해 왔기에 이 지역을 지배하고 싶었던 거예요. 그러나 서역에는 토번(티베트) 왕국이 여러 부족 국가와 동맹을 맺고 세력을 키웠고, 석국(타슈켄트)은 이슬람 세력을 끌어들여 당나라의 확장을 견제했어요. 당나라의 현종은 747년에 토번을 정벌하도록 했는데, 이때 원정군 지휘관이 고구려 출신의 고선지 장군이에요. 그는 과연 서역 원정에 성공할 수 있었을까요?

토번을 점령하라, 연운보 전투

747년에 1만여 명의 군사를 이끌고 서역 원정에 나선 고선지 장군은 먼저, 연운보를 공격하기로 했어요. 연운보는 아프가니스탄 북동쪽에 있는 토번 왕국의 거점으로, 이곳을 공격하려면 해발 5천 미터가 넘는 파미르고원을 넘어야 했어요. 높은 산맥을 건너오리라고는 꿈에도 생각 못할 적의 허를 찌르기 위해, 고선지 장군과 군사들은 100여 일에 걸쳐 메마른 사막과 얼어붙은 고원을 지나 연운보에 도달해요. 그러고는 아침 일찍 공격에 나서 해가 지기 전에 연운보를 점령했지요. 연운보 전투 이후 가는 곳마다 승리를 거둔 고선지 장군은 소발률국 등 서역의 72개 나라를 정벌하며 이름을 떨쳤어요.

2차 서역 원정의 시작

당나라가 서역의 여러 나라를 굴복시키며 세력을 키우자, 석국은 위기를 느꼈어요. 석국은 서쪽에 있는 이슬람 제국과 동맹을 맺으려고 했지만, 이는 오히려 당나라를 자극하는 결과를 낳았어요. 비단길의 중요성을 알고 있는 당나라는 중앙아시아 동쪽까지 대식국(이슬람 제국)의 힘이 미치는 것을 극도로 싫어했거든요. 당나라는 고민 끝에 고선지 장군에게 석국을 점령하도록 해요. 고선지 장군은 2차 서역 원정에 나서게 되었어요.

사막을 건너 석국을 점령하다

750년, 안서절도사로 당나라의 서쪽 지역을 책임지고 있던 고선지 장군은 조정의 명령을 받고 석국으로 향했어요. 석국은 파미르고원 서북쪽에 있어서 한반도보다 넓은 사막을 건너야 했지만, 고선지 장군은 이번에도 과감하게 원정을 단행했어요. 고선지 장군이 사막을 건너오자 겁을 먹은 석국의 왕은 성문을 열고, 당나라 군사를 맞이했어요. 그러나 손쉽게 석국을 점령했음에도 당나라군은 석국의 왕궁을 짓밟고, 귀중품을 빼앗는 동시에 왕을 포로로 잡아 당나라로 보냈어요.

복수를 다짐한 석국 왕자와 이슬람 동맹

당나라에 끌려간 석국 왕이 처형을 당하자 석국의 왕자는 복수를 다짐하고, 서쪽에 있는 이슬람 제국에 도움을 청했어요. 이슬람 제국에는 마침 새로운 아바스 왕조가 들어서, 강력한 힘으로 지배력을 넓히고 있었어요. 아바스 왕조는 비단길을 손에 넣을 기회로 생각하고, 석국의 요청을 받아들여 군대를 보냈지요. 이 소식을 들은 당나라는 또다시, 고선지 장군에게 이슬람 세력이 비단길에 들어오는 것을 막도록 해요. 비단길을 놓고 당나라와 이슬람 제국이 벌이는 큰 전투가 코앞에 닥친 거예요.

비단길을 따라 흐르는 동서양의 문화

동양과 서양의 교통로였던 비단길은 기원전 139년에 한나라의 황제 무제가 개척한 거예요. 그 후 비단길은 중국에도 서양에도 매우 중요한 무역로가 되었어요. 비단길을 차지하기 위해 동서양이 맞붙은 탈라스 전투에서 당나라가 패하면서, 주도권은 이슬람 제국으로 넘어갔어요. 이슬람 제국은 중국의 종이와 나침반, 화약 제조술 등을 서양에 전하면서 중세 시대 유럽 사회의 발전에 커다란 영향을 끼쳤고, 중앙아시아 여러 나라에 이슬람 종교를 널리 퍼뜨릴 수 있었답니다.

중앙아시아의 운명을 바꾼 전투, 탈라스 전투

751년 8월, 중앙아시아 북부 탈라스 강변에는 당나라와 이슬람 군사들이 치열한 전투를 벌이고 있었어요. 고선지 장군이 이끄는 당나라군은 7만, 지야드 이븐 살리흐 장군이 이끄는 이슬람 연합군은 30만 명으로 숫자만 생각하면 상대가 되지 않았어요. "기죽지 마라. 우리는 저 높은 텐산산맥을 넘어온 대국의 전사들이다!" 고선지 장군의 지도력에 승부는 대등하게 이어졌어요. 그런데 4일째 날 당나라군의 전선이 허물어지는 일이 생겨요. "장군, 카를루크족이 배신을 하고 우리 후방을 공격하고 있습니다!" 부하의 말에 뒤를 돌아본 고선지 장군은 깜짝 놀랐어요. 함께 전투에 참가했던 카를루크 군사들이 살리흐 장군의 꼬임에 넘어가, 정말 자신의 부대를 공격하고 있었던 거예요. 엎친 데 덮친 격으로 앞쪽의 발한나(우즈베키스탄 페르가나주에 있던 나라) 군사들마저 이슬람 연합군에 투항해 버렸지요. "여기서 물러설 수는 없다. 돌격하라!" 고선지 장군은 전세가 급격하게 기울었음에도 물러서지 않고 이슬람 군대를 공격했어요.

하지만 저녁이 되자 그것이 얼마나 무모한 싸움이었는지 한눈에 알 수 있었어요. 탈라스 강변에 쓰러져 있는 병사들이 대부분 당나라 군사였던 거예요. 전투에서 크게 패한 고선지 장군은 5일째 되는 날 새벽, 끓어오르는 분노를 억누르며 남은 병사들과 함께 탈라스 강변에서 몰래 빠져나와야 했어요. 이슬람 쪽의 기록에 의하면 탈라스 전투에서 이슬람 연합군은 7만 명의 당나라 군사 중에서 5만 명을 죽이고, 2만 명을 포로로 잡았다고 해요. 중앙아시아의 운명을 바꾼 탈라스 전투 이후, 서역의 여러 나라는 당나라가 아닌 이슬람 제국을 따르게 되었답니다.

십자군 전쟁

1095년 ~ 1272년

이스라엘의 예루살렘은 기독교인에게는 아주 성스러운 곳이에요. 하지만 1055년 무렵의 예루살렘은 새롭게 이슬람 세계의 지배자가 된 셀주크 튀르크족이 점령하게 되었어요. 셀주크 튀르크족의 확장은 거기서 멈추지 않고, 동로마 제국(비잔틴 제국)을 위협하는 데까지 계속되었지요. 동로마 제국의 황제는 로마 교황에게 도움을 요청했어요. 로마 교황은 기독교 군대를 만들어 예루살렘을 되찾자며 서유럽의 나라들을 부추겼고, 많은 기독교인이 칼과 창을 들고 머나먼 원정길에 나섰어요. 이때 원정군이 자신의 군복에 십자가 모양의 수를 놓아, 1095년부터 1272년까지 9차례에 걸쳐 진행된 기독교 국가들과 이슬람 세력의 전쟁을 '십자군 전쟁'이라고 해요.

1차 십자군 원정, 치열했던 예루살렘 공방전

1099년 7월 15일, 십자군은 한 달 넘게 예루살렘을 점령하려는 전투를 벌이고 있었어요. 십자군을 이끄는 프랑스의 고드프루아 공작은 공성탑과 투석기를 동원해 예루살렘 북쪽 성벽을 공격했어요. 병사들을 태운 두 개의 거대한 공성탑과 커다란 바위를 날려 보낼 정도로 강력한 투석기의 공격이 이어지자, 해가 지고 어둠이 밀려올 즈음 견고하기만 했던 성벽이 마침내 무너졌어요. 무너진 성벽을 넘어 공격을 계속한 십자군은 결국 4년에 걸친 긴 원정의 결과로 예루살렘 점령이라는 성과를 얻을 수 있었어요.

하틴 전투, 이슬람의 영웅이 된 살라딘

이스라엘 갈릴리 지역의 하틴은 예루살렘으로 가는 중요한 길목이었어요. 1187년 7월 4일, 이곳에서 예루살렘을 지키려는 십자군과 살라딘이 이끄는 이슬람군 사이에 큰 전투가 벌어져요. 십자군이 '하틴의 뿔'로 불리는 두 개의 산 중간에 머물 때 살라딘의 공격이 시작되었어요. 뜨거운 모래사막을 지나며 지칠대로 지친 십자군은 먹을 물조차 부족해 제대로 저항도 못했지요. 살라딘은 십자군을 포위하고 화살을 쏟아부은 다음, 기병으로 방어망을 격파해 버렸어요. 2만여 명이던 십자군은 거의 전멸했고, 예루살렘을 탈환한 살라딘은 이슬람의 영웅이 되었어요.

리처드 1세의 바늘꽂이 전술, 야파 전투

1192년 7월, 살라딘이 이끄는 이슬람 군대는 이스라엘 텔아비브의 야파에서 잉글랜드 왕 리처드 1세가 이끄는 십자군과 전투를 벌였어요. 그런데 군사의 수가 압도적으로 많음에도 이슬람군은 십자군을 돌파할 수가 없었어요. 강철 갑옷과 투구를 쓴 십자군이 긴 창 두 자루를 양손에 들고, 서로 바짝 붙어서 적의 접근을 막는 '바늘꽂이' 전술을 썼기 때문이에요. 리처드 1세는 용맹하게 적진을 휘저으며 십자군의 사기를 북돋았고, 돌격할 때마다 늘어나는 것은 이슬람군 전사자였지요. 결국 살라딘은 퇴각을 명령했고, 곧 리처드 1세와 휴전 협정을 맺어요.

타락한 십자군의 콘스탄티노플 총공격

4차 십자군 원정이 진행되던 1204년 4월, 이슬람의 새로운 본거지인 이집트를 공격하겠다던 십자군은 동로마 제국의 콘스탄티노플을 공격해요. 십자군의 총공격이 이어지자 동로마 제국은 일주일을 견디지 못하고 항복을 선언했어요. 성 안으로 들어간 십자군은 군인은 물론 귀족과 시민을 가리지 않고, 3일간이나 끔직한 학살과 약탈을 저질렀어요. 원정의 본래 뜻을 잊고 사리사욕에 눈이 멀어, 같은 기독교 나라를 공격하는 타락한 모습에 교황마저 놀라 십자군을 파문하게 되어요.

종교를 핑계로 욕망을 채우려던 전쟁

십자군 전쟁은 200년 가까이 총 9회에 걸쳐 기독교와 이슬람이 맞붙은 종교 전쟁이었어요. 예루살렘을 놓고 대립한 1차, 3차 원정을 제외한 대부분의 원정에서 실패한 십자군은 점점 타락해, 오히려 유럽을 위험에 빠뜨리는 결과를 낳았어요. 기독교 성지를 되찾지도 못하고, 이슬람 세계와의 갈등과 증오만이 깊은 상처로 남았지요. 십자군 전쟁 이후 유럽에서는 교황과 교회의 힘이 약해졌고, 영주와 기사들이 몰락했어요. 반대로 왕권이 강화되고 상인들의 영향력은 커졌답니다.

살라딘과 사자왕 리처드의 대결, 아르수프 전투

1191년 9월 7일, 이스라엘의 해안 도시 아르수프의 해변가에는 긴장이 감돌고 있었어요. "적을 향해 화살을 쏴라!" 살라딘의 명령이 떨어지자, 바다를 등진 십자군 진영으로 화살이 비처럼 날아들었어요. "겁내지 마라. 적의 화살은 우리의 강철 갑옷을 뚫을 수 없다!" 말을 탄 리처드 1세가 큰 소리로 군사들의 동요를 막았어요. 십자군 진영에 화살과 창을 쉴 새 없이 퍼부었으나 틈이 생기지 않자, 살라딘은 언덕 위 숲에 숨겨 두었던 기병대를 출동시켰어요. 이슬람 기병대는 아래쪽에 있는 십자군을 향해 무서운 기세로 돌격했어요. "밀집 대형을 유지하고, 적을 향해 석궁을 날려라!" 리처드 1세가 명령을 내렸어요. 십자군은 명령에 따라 서로서로 몸을 붙이고, 달려드는 기병대를 향해 강력한 석궁을 날렸어요. 이슬람 기병대는 석궁 공격에 주춤했지요. 그러자 리처드 1세는 기다렸다는 듯 십자군 기사들과 기병대를 이끌고 달려 나갔어요. 갑작스러운 십자군의 돌격에 당황한 이슬람 군대는 오합지졸이 되었어요.

모래 먼지가 피어오르는 해변가에서 십자군의 기세는 하늘을 찔렀고, 이슬람 군대의 깃발은 피로 물들었어요. 살라딘은 높은 곳에서 적에게 화살을 쏘아 틈을 만들고, 기병 공격으로 전투를 끝낼 생각이었어요. 하지만 그가 미처 생각하지 못했던 것은 리처드 1세의 지략과 용기였어요. 살라딘은 공격하면 할수록 자신의 병사들만 죽어 나가는 것을 보고, 후퇴 명령을 내리지 않을 수 없었어요. 살라딘은 이날 전투로 7천여 명의 군사를 잃었지만, 십자군 전사자는 고작 700여 명이었지요. 또한 살라딘에게는 싸우면 승리한다는 전설이 깨어지는 순간이었고, 리처드 1세는 사자심왕(사자처럼 강한 심장을 가진 사람)이라는 별명을 얻게 되었어요.

몽골의 세계 정복 전쟁

1206년 ~ 1379년

1206년 몽골에서는 세계를 놀라게 할 인물이 칸(왕)의 자리에 올랐어요. 그의 이름은 테무친(칭기즈 칸). '1년을 걸어도 국경이 나오지 않는 나라'를 만들겠다며 정복 전쟁을 준비하는 강력한 지도자였지요. 몽골 사람들은 목축을 위해 물과 풀을 찾아 떠돌며 생활하는 유목인이었기에, 제도와 문화가 튼튼한 주변 나라로부터 억울한 일을 많이 당했어요. 이에 테무친은 강력한 군대를 꾸려 세계를 정복하고, 누구도 넘볼 수 없는 대제국을 건설하려고 한 거예요. 테무친은 1209년에 서하를 정복하고, 1211년에 중국 북부의 금나라를 향해 진격했어요. 그의 원대한 꿈이 어떻게 되었을지 몽골군의 전투를 따라가 보아요.

대제국 건설의 발판이 된 야호령 전투

1211년에 칭기즈 칸은 몽골의 모든 병력을 이끌고 숙적과도 같았던 금나라로 쳐들어가요. 금나라의 첫 번째 방어선인 오사보를 뚫고, 여세를 몰아 야호령으로 진격했어요. 높은 산들로 에워싸인 야호령은 말을 타고 달릴 곳이 부족해 몽골군에게 불리했어요. 칭기즈 칸은 곳곳에 진을 치고 있는 금나라 부대를 하나씩 격파하기로 하고, 부하인 무칼리에게 결사대(죽음을 각오하고 임무를 수행하는 부대)로 하여금 적을 기습하도록 해요. 기습에 말린 금나라군은 우왕좌왕하다 몽골군의 본격적인 공격에 허무하게 무너졌어요. 금나라는 이 전투에서 약 20만 명의 병사를 잃고 크게 패해, 몽골이 세계 정복을 나서는 데 발판이 되었어요.

호라즘 왕국 정복 전쟁, 사마르칸트 전투

몽골의 서쪽에는 이슬람교를 믿으며 동서양 교류의 다리 역할을 하던 호라즘 왕국이 있었어요. 칭기즈 칸은 1220년에 15만 명이 넘는 군사를 이끌고 호라즘 왕국을 침공하여, 부하라 전투에서 호라즘 왕국의 방어선을 무너뜨리고 수도인 사마르칸트로 진격했어요. 호라즘 왕국의 지도자 무함마드 2세는 40만 명에 이르는 군사가 있었으나, 이곳저곳에서 몽골군에 패하며 정작 사마르칸트를 쉽게 내주고 말았어요. 사마르칸트를 잃은 호라즘 왕국은 끝까지 싸움을 이어 가려 했지만, 1221년 몽골의 힘에 완전히 굴복하게 되어요.

참혹한 전쟁 비극, 바그다드 함락

칭기즈 칸은 1227년에 세계 정복의 꿈을 이루지 못하고 죽고, 그 뜻은 자식들에게 이어졌어요. 1258년에는 그의 손자인 훌라구가 바그다드까지 위태롭게 했지요. 바그다드는 몽골을 얕잡아 보던 이슬람의 칼리프(지도자) 무스타심이 있는 곳이었어요. 몽골군이 투석기까지 이용해 바그다드성을 부수며 점령해 들어오자 무스타심은 12일 만에 항복해요. 바그다드를 점령한 몽골군은 도시를 파괴하고 무스타심을 비롯한 시민들을 잔인하게 죽임으로써 전쟁의 참혹함을 역사에 남겼어요.

대제국 건설의 종점, 애산 전투

칭기즈 칸의 손자이자 몽골 제국 제5대 칸인 쿠빌라이 칸은 나라 이름을 원나라로 바꾸고, 남송과의 전쟁을 이어 갔어요. 1279년, 긴 전쟁 끝에 궁지에 몰린 남송은 모든 군사를 끌어모아, 애산(홍콩 주변의 섬)에 요새를 만들고 마지막 전투를 준비했어요. 남송은 원나라 군대의 10배가 넘는 병력으로 수차례 원나라군을 물리쳤지만, 원나라군은 애산을 포위하고 물자와 식수가 들어가는 것을 철저히 막으며 싸움을 길게 끌었어요. 애산의 남송군은 굶주림과 질병으로 지쳐가다, 끝내는 포위를 뚫지 못하고 원나라군에 패하고 말아요. 이로써 중국 대륙 전체는 애산 전투에서 승리한 몽골의 손에 들어가게 되어요.

쿠빌라이 칸

인류 역사상 최대 제국 건설의 비밀

몽골은 세계 정복 전쟁으로 아시아는 물론, 서유럽과 이슬람 세계에 이르는 거대한 영토를 지배했어요. 몽골이 이렇게 대제국을 건설할 수 있었던 데에는 그들의 말과 활이 큰 몫을 했어요. 작지만 빠르고 지구력 강한 말과 갑옷도 뚫을 수 있는 활을 이용한 전술은 전쟁을 승리로 이끄는 비밀 병기였지요. 또한 항복하지 않는 적에 대해서는 무자비하지만, 점령 후에는 종교와 문화를 인정하고 자유로운 활동을 보장하는 유목민의 문화는 몽골이 오랫동안 지배력을 잃지 않는 밑거름이 되었답니다.

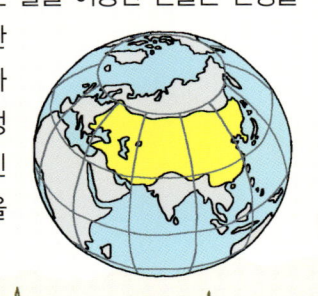

몽골의 말발굽에 짓밟힌 유럽, 레그니차 전투

1241년 4월 9일, 실롱스크 공국(폴란드)의 레그니차에는 칭기즈 칸의 손자 바이다르와 오르다가 몽골의 군사들과 함께 전투를 앞두고 있었어요. 상대는 헨리크 2세가 이끄는 폴란드와 독일의 튜턴 기사단이 뭉친 연합군. 그때까지도 연합군은 몽골군을 크게 두려워하지 않았어요. "적의 정면에서 싸우지 말고 우리 진영 깊숙히 끌어들인 다음, 화살을 쏘고 기병으로 기습한다." 몽골 지휘부의 치밀한 작전 명령이 내려진 줄도 모르고, 연합군은 기세 좋게 몽골군을 향해 달려들었어요.

"몽골군이 달아난다. 놓치지 말고 뒤를 쫓아라!" 헨리크 2세와 튜턴 기사단은 마치 늑대를 잡으려는 사냥꾼처럼 말을 몰아 몽골군 진영으로 더 깊숙이 들어갔어요. "적들이 우리의 유인 작전에 걸려들었다. 화살을 쏘아라!" 몽골군의 기병은 말을 타고 달리면서 활을 쏘아도 백발백중. 기사단의 절반이 화살 세례를 받고 전장의 이슬로 사라졌어요. 살아남은 기사들은 재빨리 방어를 위해 모였어요.

그러나 몽골 기병은 창칼 싸움에도 보통이 아니었어요. 말을 타고 달리며 날쌔게 휘두르는 그들의 창날은 유럽 기사들이 막아 내기에는 너무나 힘겨웠어요. 이윽고 전투가 끝나 갈 무렵, 몽골군의 칼날에 헨리크 2세마저 목숨을 잃었어요. 대항하는 적에 대해서는 관용을 베풀지 않았던 몽골군은 이날, 죽은 연합군의 귀를 잘라 아홉 개의 거대한 자루에 가득 채우고 승리의 축가를 불렀어요. 그 참혹함이 얼마나 심했던지 독일 사람들은 나중에 이곳을 '시체의 도시'라는 뜻으로 '발슈타트'라고 불렀지요. 러시아와 헝가리에 이어 레그니차 전투에서 승리한 몽골은 유럽 전체를 공포의 도가니로 몰아넣었어요.

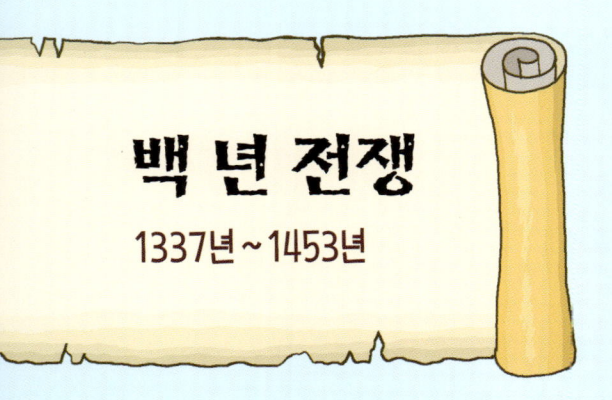

백 년 전쟁
1337년 ~ 1453년

1328년 프랑스에서는 국왕 샤를 4세가 죽고 왕위를 이을 자식이 없자, 어쩔 수 없이 샤를 4세의 사촌 형제인 필리프 6세가 즉위하게 되었어요. 한편 영국의 국왕 에드워드 3세는 자신의 어머니가 샤를 4세의 여동생이니, 프랑스의 왕위는 자신이 물려받아야 한다며 왕위 계승권을 주장했어요. 프랑스 측에서는 영국 왕이 프랑스 왕위를 잇는다는 건 말도 안 되는 소리라며 펄쩍 뛰었지요. 그러던 중 1337년 필리프 6세는 프랑스 안에 영국 왕이 소유하고 있던 부유한 땅인 아키텐을 몰수해요. 이에 그렇지 않아도 프랑스와 영토 분쟁, 경제 갈등, 정치 대립 등으로 골머리를 앓던 에드워드 3세는 프랑스와의 전쟁을 시작했고, 이 전쟁은 100년이 넘도록 계속되었어요.

백 년 전쟁 최대의 격전, 크레시 전투

1346년 8월 26일, 1만 2천 명의 영국군과 4만 명의 프랑스군이 프랑스 북부의 작은 마을 크레시에서 맞붙었어요. 전투가 시작되고 프랑스군의 제노바 석궁 부대가 화살을 쏘자, 영국군은 장궁(길이가 긴 활)을 들고 길고 강력한 화살을 발사하며 맞섰어요. 영국군에게는 성능 좋은 대포까지 있었어요. 병사의 숫자만 믿고 달려들었던 프랑스 석궁 부대와 보병들은 장궁과 대포의 위력 앞에 엄청난 사상자만 남긴 채 물러났어요. 뒤이어 비늘 갑옷으로 온몸을 두른 프랑스군 기병대가 영국군을 향해 돌격했지만, 그들 역시 긴 화살과 대포 공격에 맥없이 쓰러졌지요. 결국 크레시 전투는 영국의 승리로 끝났고, 프랑스는 위기에 빠지게 되었어요.

푸아티에 전투, 흑태자가 간다

에드워드 3세의 아들은 검은 갑옷을 입고 전장을 누벼 '흑태자'로 불렸어요. 크레시 전투에서도 용맹을 떨쳤던 흑태자는 1356년에 프랑스 땅에 들어가 전쟁을 벌였어요. 그가 큰 폭우로 발이 묶인 사이, 프랑스 국왕 장 2세는 2만 명의 군사를 이끌고 푸아티에에서 영국군을 공격했어요. 흑태자의 영국군은 7천 명으로 규모는 작았지만, 숲에 숨었다가 적의 측면과 후방을 기습하는 전술로 프랑스군을 격파했어요. 이 전투에서 장 2세는 포로로 잡혀 엄청난 보상금을 주고 풀려났고, 프랑스 남서부의 아키텐과 칼레 지역까지 영국에 넘겨 주게 되었어요.

영국의 연승, 아쟁쿠르 전투

1415년, 영국의 젊은 국왕 헨리 5세는 기병 2천 명과 궁병 8천 명의 군사를 이끌고, 프랑스 파리를 점령하겠다며 도버 해협을 건넜어요. 프랑스는 이에 맞서 2만 5천 명의 군사로 정면 승부를 감행했지요. 그러나 규모가 두 배가 넘는 프랑스군은 영국 궁병들이 쏜 긴 화살에 낙엽처럼 쓰러졌어요. 용감한 지도자 헨리 5세와 궁수들의 활약에 힘입어 영국의 대승으로 끝난 아쟁쿠르 전투는, 잘 준비된 보병은 말을 탄 기사도 이길 수 있다는 교훈을 남겼어요.

트루아 조약(1420년)

프랑스의 대역전, 카스티용 전투

아쟁쿠르 전투에서 크게 패하며 영국에게 많은 땅을 빼앗겼던 프랑스는 1422년, 샤를 7세가 왕위에 오르면서 조금씩 힘을 키웠어요. 잔 다르크의 등장으로 프랑스군의 사기도 하늘을 찌를 듯 높아졌지요. 1453년 7월, 샤를 7세는 영국군이 장악하고 있던 보르도 지역을 되찾기 위해 카스티용에 진을 쳤어요. 프랑스군은 수많은 포를 진영에 두고 기다렸다가, 프랑스군이 후퇴하는 줄 알고 돌격해 온 영국군을 향해 일제히 포격을 가했어요. 획기적인 포병 전술로 영국군을 끝까지 밀어붙인 프랑스군은 카스티용 전투에서 큰 승리를 거뒀고, 이 전투를 끝으로 백 년 전쟁은 막을 내렸어요.

저무는 기사의 시대에 떠오르는 왕권

백 년 전쟁의 결과 영국은 프랑스 지역에 차지하고 있던 대부분의 영토를 잃었고, 왕위 계승 문제를 놓고 30년간 장미 전쟁을 치러야 했어요. 또 장미 전쟁 이후 많은 귀족과 기사의 세력이 꺾이고 왕권이 강화되었지요. 프랑스 역시 전쟁에서 승리를 거두었지만 전 국토가 거의 폐허가 되었고, 기사층이 몰락하며 봉건 귀족들이 무너지고, 국왕의 권력이 크게 강화되었어요.

'승리왕' 샤를 7세
'왕권 강화'
'중앙집권 확립'

프랑스를 구한 잔 다르크, 오를레앙 공방전

1428년 10월, 영국군은 프랑스 중부 루아르 강변의 오를레앙을 에워싸고 투렐 요새를 빼앗았어요. 이후 오를레앙에서는 영국군과 프랑스군 사이의 여러 전투가 벌어졌어요. 1429년 5월 7일, 투렐 요새를 탈환하기 위한 프랑스군의 공격이 시작됐어요. 맨 처음 적진을 뚫을 전초대가 나섰어요. 하지만 요새에서 비처럼 쏟아지는 영국군의 화살을 피하지 못하고, 프랑스 전초대는 그 자리에서 고꾸라졌어요. 영국군의 장궁에 기가 눌린 프랑스군은 누구도 앞으로 나서지 못했어요. 그때였어요.

"자, 이 천사의 깃발을 따라 앞으로 나아가자!" 프랑스 전초대가 고개를 돌려 바라본 곳에는 수레에 철판을 붙인 방패차를 밀며 달려오는 소녀가 있었어요. 소녀는 성 바로 밑까지 달려가 하얀 깃발을 흔들며 또다시 외쳤어요. "프랑스군의 앞에는 천사가 있다. 그러니 이 깃발을 따르라!" 소녀의 외침에 용기를 얻은 프랑스 군사들이 거침없이 뛰어나왔어요.

그들은 영국군의 장궁에 전우들이 쓰러져도 "성녀가 우리를 지켜 준다. 진격하자!"라고 외치며, 성벽에 사다리를 걸고 기어올라 칼과 도끼를 휘둘렀어요. 얼마 후 투렐 요새는 용기백배한 프랑스군의 함성으로 가득했어요. 요새를 되찾은 기쁨이 절정에 다다르자, 군사들은 하얀 깃발을 들고 있는 소녀의 주변에 몰려들어 승리의 찬사를 쏟아 냈어요. "우리의 성녀, 잔 다르크가 프랑스를 구했다!" 이렇게 오를레앙 공방전에 등장한 잔 다르크는 영국군에게 밀리던 전세를 단숨에 바꾸어, 100년이 넘게 계속된 전쟁에서 프랑스군이 승리하는 견인차가 되었어요.

오스만 튀르크의 영토 확장 전쟁

1299년~1571년

13세기, 아시아와 유럽 사이의 아나톨리아(소아시아)반도에는 몽골의 침략과 십자군 전쟁을 피해 많은 튀르크인이 모여들었어요. 셀주크 튀르크 왕국의 부족장이었던 오스만 1세는 튀르크인들을 끌어들여 자신의 부족과 함께 강력한 군대를 만들고, 1299년에 아나톨리아반도 전체를 평정했어요. 셀주크 튀르크 시대를 보내고 새 시대를 연 오스만 튀르크 왕국은 곧, 아나톨리아반도 밖으로 눈길을 돌렸어요. 국경을 맞댄 동로마 제국과 북유럽으로 가는 길목의 발칸반도, 지중해를 지배하던 베네치아, 제노바, 스페인은 물론 아시아와 아프리카까지, 오스만 제국의 영토 확장 전쟁은 어떤 결과를 낳았을까요?

유럽 정복의 시작, 코소보 전투

1389년 오스만 제국의 무라트 1세가 군대를 거느리고 발칸반도에 넘어오자, 세르비아의 왕 라자르는 주변의 기독교 국가에 도움을 요청했어요. 이에 헝가리, 체코, 보스니아, 크로아티아, 알바니아, 불가리아 등으로 기독교 연합군이 꾸려졌어요. 3만여 명의 양쪽 군사들은 세르비아의 중심지인 코소보 평원에서 치열하게 맞붙었는데, 라자르를 비롯한 세르비아의 수많은 귀족이 전투 중에 몰살 당하면서 승리는 무라트 1세의 몫이 되었어요. 이 전투로 오스만 제국은 세르비아 왕국을 지배하며 유럽 정복의 발판을 마련하게 되어요.

오스만 제국의 좌절, 앙카라 전투

오스만 제국이 세력을 넓히고 있을 때, 중앙아시아에 강력한 왕조가 들어섰어요. 칭기즈 칸의 후손들이 몽골 제국의 부활을 꿈꾸며 티무르 제국을 세운 거예요. 1402년 7월, 튀르키예의 앙카라 초원에서 두 제국의 피할 수 없는 대결이 펼쳐졌어요. 바야지트 1세가 이끄는 12만 명의 오스만군과 코끼리 부대를 앞세운 20만 명의 티무르 대군은 하루종일 전투를 벌였어요. 밤이 되자 치열했던 전투는 점점 티무르군의 승리로 기울었고, 바야지트 1세는 후퇴하다 말에서 떨어져 포로가 되었어요. 오스만 제국은 이 전투에서 패하며 한동안 술탄(황제)이 없는 시간을 보내야 했어요.

유럽을 향한 대제국의 칼날, 모하치 전투

오스만 제국의 전성기를 이룩한 제10대 술탄 슐레이만 1세는 1526년 8월, 헝가리 왕국을 굴복시키기 위해 모하치 평원에 10만 명의 군사를 집결시켰어요. 2만 5천여 명의 헝가리군이 기다리고 있었지만, 그들은 규모는 물론 전투력에서도 오스만군의 상대가 되지 못했어요. 병사들 대부분이 제대로 훈련받지 못한 농민 출신이었기 때문이에요. 전투는 예상대로 몇 시간 만에 오스만군의 승리로 끝이 났지요. 헝가리군 전사자는 2만여 명에 이르렀으며, 군대를 이끌던 러요시 2세는 후퇴하다 강에 빠져 죽었어요. 이후 헝가리 왕국은 몰락했고, 유럽에 대한 오스만 제국의 지배력은 더욱 커졌어요.

지중해를 장악하라, 레판토 해전

1571년, 베네치아는 빼앗긴 지중해 지배권을 되찾기 위해 교황령, 스페인, 제노바 등과 함께 대규모 연합 함대(신성 동맹)를 꾸렸어요. 오스만 함선 250척이 있는 레판토를 향해 돌진한 신성 동맹의 함선은 200척이었어요. 함선의 수는 적었으나 많은 대포로 무장을 하고, 활을 쏘는 오스만군과 달리 화승총으로 공격했지요. 그 결과 오스만 함대는 170여 척의 함선과 2만여 명의 병사를 잃은 채 달아나고 말아요. 신성 동맹은 13척의 함선과 8천 명의 병사를 잃는 데 그쳤고, 지중해의 지배권도 되찾았어요.

동서양의 조화, 오스만 문화

아시아와 유럽, 아프리카의 세 대륙에 걸쳐 세력을 떨친 만큼 오스만 제국은 종교, 문화, 사회 제도 등 세계 역사에 커다란 영향을 끼쳤어요. 특히 반도의 이슬람 문화, 동로마 제국의 비잔틴 문화, 이란 지역의 페르시아 문화 등 다양한 문화가 오스만 제국에서 만나, 새롭고 화려하게 피어났지요. 오스만 제국의 중심지였던 이스탄불에는 현재까지도 오스만 문화의 독특함을 엿볼 수 있는 문화 유산이 많이 남아 있어요.

로마 제국 최후의 전쟁, 콘스탄티노플 공방전

1453년 5월 29일, 동로마 제국의 수도 콘스탄티노플의 성에 무시무시한 우르반 대포의 포탄이 날아들었어요. 지금껏 보지 못한 대포의 위력에, 50일에 걸친 집요한 공격에도 굳건히 버텨 온 성벽이 무너지기 시작했어요. "나는 죽어도 성을 떠나지 않을 것이다. 끝까지 싸워 로마 전사의 명예를 지키자!" 동로마의 황제 콘스탄티누스 11세의 외침에 동로마군 수비대는, 파도처럼 밀려오는 오스만 군사들을 칼과 창과 화살로 막았어요. 한편 성 밖에서는 60척의 배를 산으로 옮기는 놀라운 전술까지 펼치며, 콘스탄티노플을 손에 넣으려는 오스만 제국의 젊은 술탄 메흐메트 2세가 마지막 결심을 한 듯 입술을 앙다물었어요. "자, 이제 최후의 공격이다. 예니체리를 출격시켜라!" 예니체리는 오스만 제국에서 가장 뛰어난 전사들이 모인 특수 부대였어요. 명령이 떨어지자 날쌔고 용감한 예니체리 부대는 무너진 성벽으로 돌진해, 병사들의 시체를 타고 넘어 성 안으로 들어갔어요. 그러나 세 겹으로 지어진 콘스탄티노플성의 방어벽은 일당백의 예니체리조차 뚫을 수가 없었어요.

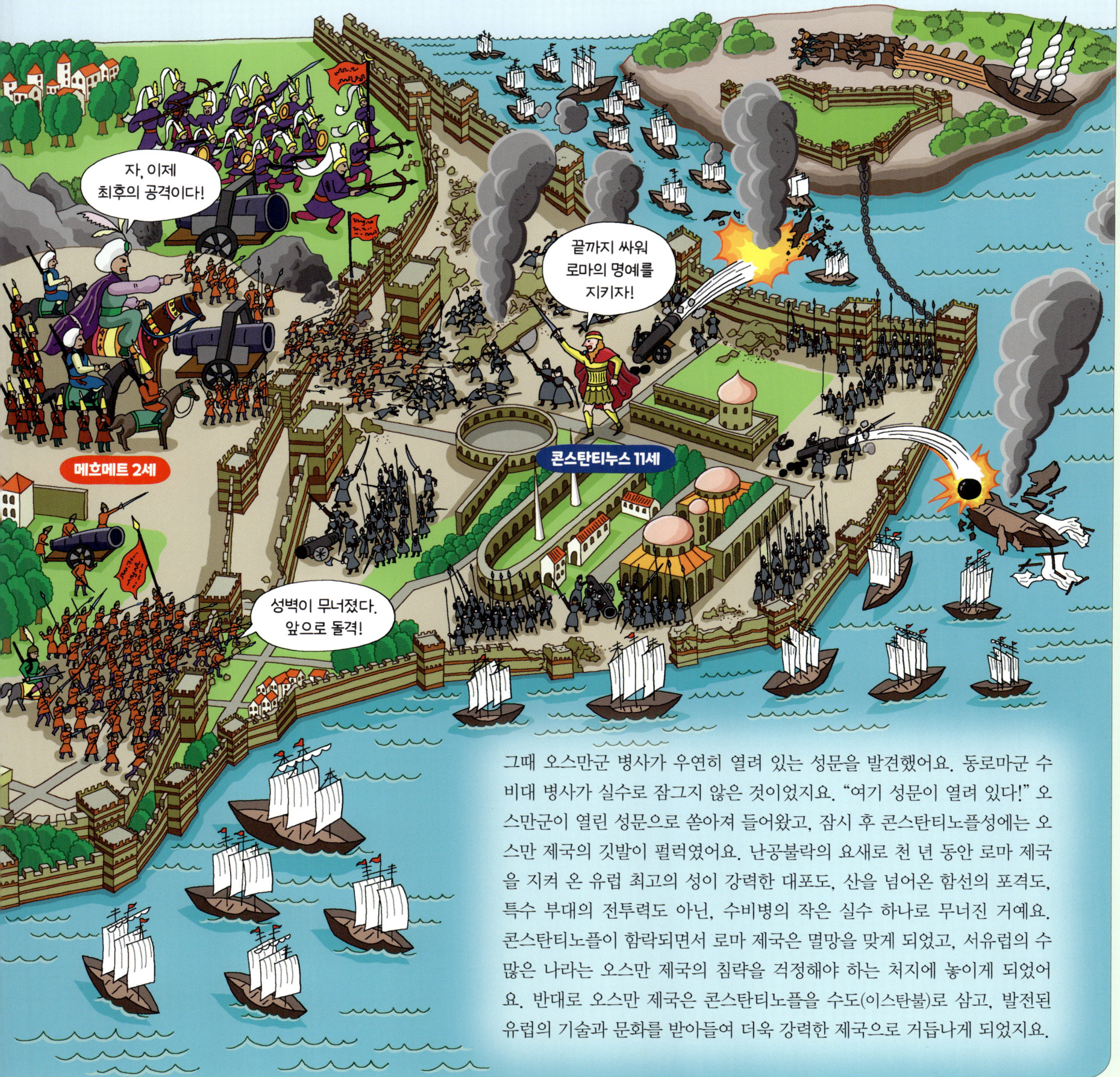

그때 오스만군 병사가 우연히 열려 있는 성문을 발견했어요. 동로마군 수비대 병사가 실수로 잠그지 않은 것이었지요. "여기 성문이 열려 있다!" 오스만군이 열린 성문으로 쏟아져 들어왔고, 잠시 후 콘스탄티노플성에는 오스만 제국의 깃발이 펄럭였어요. 난공불락의 요새로 천 년 동안 로마 제국을 지켜 온 유럽 최고의 성이 강력한 대포도, 산을 넘어온 함선의 포격도, 특수 부대의 전투력도 아닌, 수비병의 작은 실수 하나로 무너진 거예요. 콘스탄티노플이 함락되면서 로마 제국은 멸망을 맞게 되었고, 서유럽의 수많은 나라는 오스만 제국의 침략을 걱정해야 하는 처지에 놓이게 되었어요. 반대로 오스만 제국은 콘스탄티노플을 수도(이스탄불)로 삼고, 발전된 유럽의 기술과 문화를 받아들여 더욱 강력한 제국으로 거듭나게 되었지요.

나폴레옹 전쟁
1803년 ~ 1815년

18세기, 프랑스의 국민 대다수를 차지하는 평민들은 왕과 귀족들의 사치와 불평등한 세금 제도에 불만이 많았어요. 심각한 국가 경제 위기에도 국왕 루이 16세의 잘못된 정치는 계속됐고, 참다못한 파리의 민중은 1789년에 바스티유 감옥을 습격하고 혁명을 일으켰어요. 그러나 대혁명 이후에도 프랑스는 여전히 혼란스러웠는데, 이를 평정한 인물이 나타났어요. 바로 나폴레옹이에요. 나폴레옹은 강력한 지도력으로 프랑스를 통합하고, 국민 투표를 실시해 황제가 되었어요. 1804년, 황제에 오른 나폴레옹은 프랑스를 중심으로 하는 새로운 유럽을 건설하겠다며 전쟁에 나섰어요. 나폴레옹의 유럽 정복 전쟁이 시작된 거예요.

나폴레옹의 프랑스, 유럽과 맞서다

프랑스에서 민중에 의한 혁명이 일어나자, 이웃 나라 왕과 귀족들은 위협을 느끼고 동맹을 결성해 프랑스를 공격했어요. 이때 여러 곳에서 유럽 동맹군을 물리치며, 이름을 떨친 군인이 나폴레옹이에요. 프랑스 원정군의 사령관이 된 나폴레옹은 1796년, 오스트리아군을 격파하고 이탈리아를 제압한 후, 1798년에는 5만여 명의 군사로 이집트를 손에 넣었어요. 또 1800년에는 2차 이탈리아 원정에 나서요. 4만여 명의 군사를 이끌고 알프스를 넘은 나폴레옹은, 마렝고 평야에서 7만여 명의 오스트리아군에게 기습을 당하기도 하지만 위기를 이겨 내고 전투에서 승리해요. 이어 프랑스는 북이탈리아 등의 지배권을 손에 넣어요.

트라팔가르 해전, 넬슨 제독은 못 당해!

1805년, 나폴레옹은 스페인 해군과 연합해 영국을 공격하려 했어요. 피에르 발뇌브 제독이 이끄는 연합 함대는 큰 저항 없이 트라팔가르곶에서 바다로 나갔어요. 그러나 큰 바다로 나왔을 때, 연합 함대는 그것이 영국 해군의 명장 넬슨 제독의 작전임을 알았어요. 잘 훈련된 영국 함대는 두 줄로 늘어서 소총과 함포를 쏘아 댔어요. 결국 연합 함대는 크게 패했고, 나폴레옹은 영국 공격을 포기해야만 했지요. 한편 넬슨 제독은 이 전투에서 총에 맞아 목숨을 잃었는데, 그가 마지막으로 남긴 말은 '신이여, 감사합니다. 나는 임무를 완수했습니다'였어요.

아우스터리츠 전투, 무릎 꿇은 유럽 동맹

트라팔가르 해전에서 패한 나폴레옹이었지만, 육지에서는 연전연승을 이어 갔어요. 1805년 12월 2일, 나폴레옹의 군대는 아우스터리츠(현재의 슬로바키아 지역)에서 승리의 신화를 잇기 위해, 러시아-오스트리아 동맹군과 맞섰어요. 나폴레옹은 주변 환경을 이용해 적군을 유인하여 힘을 뺀 다음, 양쪽에서 에워싸고 공격해 가는 천재적인 전술을 발휘해, 적은 수의 병력으로 대승을 거두었어요. 나폴레옹은 이 승리로 유럽 전체를 발 아래 두었으며, 러시아 황제 알렉산드르 1세는 "우리는 거인의 손에 있는 아기였다"라며 패배를 인정했어요.

기우는 나폴레옹 제국, 라이프치히 전투

1812년에 러시아가 프랑스 몰래 영국과 무역선을 주고 받는 일이 생기자, 나폴레옹은 모스크바까지 쳐들어가요. 하지만 러시아의 초토화 작전에 말려 쫓겨났고, 이 소식에 용기를 얻은 유럽 동맹군은 1813년 10월, 독일 라이프치히에서 프랑스군과 최후 결전을 벌였어요. 38만여 명의 동맹군과 20여만 명의 프랑스군이 맞붙은 이 대규모 전투에서 나폴레옹은 크게 패하고, 황제가 된 지 9년 만에 권력까지 잃어요. 1814년에 나폴레옹은 이탈리아 엘바섬에 유배되었어요.

나폴레옹의 죽음과 유럽의 변화

워털루 전투에서 패하면서 유럽 전체를 지배하려던 나폴레옹의 꿈은 물거품이 되었어요. 그는 모든 권력을 잃고, 세인트헬레나섬에 유배되어 1821년에 죽음을 맞이했어요. 나폴레옹 전쟁으로 유럽에는 프랑스 혁명의 자유, 평등, 박애 사상이 곳곳으로 퍼져 나갔어요. 또 프랑스의 지배를 받던 나라들 사이에서는 같은 민족끼리 뭉쳐 권리를 찾고 발전을 이루어야 한다는 민족의식이 강해지고, 독립과 통일을 요구하는 목소리가 높아지게 되었어요.

워털루 전투, 나폴레옹의 마지막 대혈전

1815년 2월, 나폴레옹은 엘바섬에서 탈출했어요. "나는 자네들의 꼬마 부사관이다. 나를 쏘고자 하는 자가 있다면, 여기 내 가슴을 쏘아라." 나폴레옹의 말에 감동한 프랑스 병사는 그를 체포하지 않았어요. 오히려 유럽 정복의 꿈을 잊지 않은 프랑스 군인들은 뜻을 모아, 나폴레옹을 다시 황제로 옹립했어요. 그리고 1815년 6월 18일, 7만 2천 명의 프랑스 군사는 나폴레옹을 따라 또다시 전장에 섰어요. 벨기에 중부의 워털루 인근에서 유럽 동맹군과 최후의 결전을 벌이게 된 거예요.

이틀 전 이미 프로이센군을 격파한 나폴레옹은 웰링턴 공작이 지휘하는 6만 8천여 명의 영국군을 향해 총공격을 시작했어요. "포병이 적진의 중앙에 포탄을 퍼부으면, 기병들이 돌진해 적을 양쪽으로 흩어지게 하라!" 나폴레옹의 명령과 함께 영국군 진영에 포탄이 떨어지고, 기병들이 달려 나가 우왕좌왕하는 영국군을 좌우로 갈랐어요. "이때다. 전 병력은 적군을 격파하라!" 프랑스군은 거침없는 공격으로 영국군을 궁지에 몰아넣었어요.

그런데 그때, 완전히 퇴각한 줄 알았던 프로이센군이 나타나 프랑스 군대를 공격했어요. "프랑스군은 우리의 기습을 예상 못하고 있다. 속전속결 총공격으로 승리를 쟁취하자!" 블뤼허 장군이 이끄는 프로이센 군대가 기습을 가하자, 물러서던 영국군도 용기를 얻어 맹공격을 퍼부었어요. 전세는 곧 역전되어 나폴레옹의 프랑스 군대는 순식간에 무너져 내렸어요. 전투가 끝나자 워털루의 언덕에는 4만 명의 프랑스 전사자가 나뒹굴며 나폴레옹의 처참한 패배를 말해 주었어요. 반면 영국군은 1만 5천 명, 프로이센군은 7천여 명의 전사자를 내고 승리를 거머 쥐었지요. 이 전투를 끝으로 나폴레옹의 신화는 막을 내리게 되었답니다.

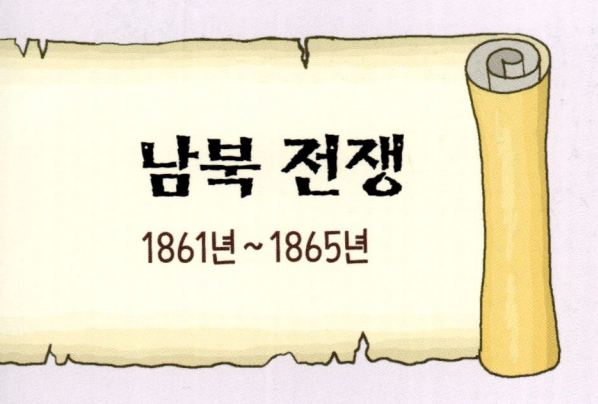

남북 전쟁
1861년 ~ 1865년

1773년 12월 16일, 북아메리카의 보스턴 항구에 정박한 영국 배에 괴한들이 숨어들어, 실려 있던 상자를 바다에 버렸어요. 영국 회사만 차 무역을 할 수 있도록 하는 정책에 반대하는 시민들이 벌인 일이었지요. 영국은 군대를 보내 북아메리카 식민지를 탄압했고, 참다못한 북아메리카 식민지 대표들이 힘을 합쳐 저항했어요. 미국의 독립 전쟁은 이렇게 시작되었고, 조지 워싱턴 장군이 이끄는 독립군이 요크타운 전투에서 크게 승리한 뒤, 1783년 〈파리 조약〉을 맺으며 전쟁은 미국의 독립으로 끝이 났어요. 그런데 1861년, 미국 땅에 또다시 총성이 울려요. 독립을 이룩한 지 80년 만에 남과 북으로 갈라져 다시 한번 큰 전쟁을 치르게 된 거예요. 과연 미국의 역사는 어떻게 쓰여지게 될까요?

독립 이후 미국이 남북으로 나뉜 속사정과 링컨

땅이 비옥하고 기후가 따뜻한 미국의 남부는 주로 농사를 지었기 때문에 노예가 필요했어요. 반면 북부는 지하 자원을 이용한 공업이 발달해 많은 노예를 둘 필요가 없었지요. 또 남부는 농작물 수출을 위해 낮은 관세를, 북부는 국내 산업을 보호하기 위해 높은 관세를 원했어요. 그러던 중 대통령으로 당선된 링컨이 노예 제도를 폐지하려 하자, 1861년에 남부의 7개 주가 모여 따로 나라를 세우겠다며 남부 연합을 조직했어요. 물론 링컨은 이를 허용하지 않았지요. 결국 미국은 서로 다른 생각을 좁히지 못하고, 하나의 미국을 지키려는 북부 연방과 따로 독립을 요구하는 남부 연합으로 나뉜 채 전쟁으로 치닫게 되었어요.

불런 전투, 남부군이 섬터를 공격했다고!

섬터 요새는 미국 남쪽 지방의 관문 역할을 하는 찰스턴 항구(사우스캐롤라이나주)의 해상 요새였어요. 남부군은 찰스턴 항구를 장악하기 위해서 1861년 4월 12일, 섬터 요새에 대포를 쏘며 쳐들어가 방어군의 항복을 받아 냈어요. 섬터 요새가 남부군으로 넘어가자 링컨은 곧바로 지원병을 모아, 같은 해 7월 21일 남부의 수도인 리치먼드를 공격했어요. 불런 전투로 불리는 이 대결은 남북 전쟁의 첫 번째 대규모 전투로, 남부군의 저항에 북부군이 후퇴하는 것으로 끝이 났어요.

하루 동안 벌인 혈투, 앤티텀 전투

1862년 9월 17일 새벽, 메릴랜드주 앤티텀강 근처에서 큰 전투가 벌어졌어요. 리 장군이 이끄는 남부군이 북부의 영토를 공격하자, 링컨의 명령을 받은 매클렐런 장군의 북부군이 방어에 나서면서 치열한 대결이 펼쳐진 거예요. 승부는 밤이 되어서야 남부군의 후퇴로 끝을 맺었고, 링컨은 남부군을 추격하는 데 소극적이었던 매클렐런을 해임해요. 하루 동안 벌어진 이 혈투는 약 2만 1천 명의 사상자를 내, 남북 전쟁에서 하루 동안 가장 많은 인명 피해를 입힌 전투로 기록되었어요.

바다로의 행진, 전쟁을 끝낸 초토화 작전

게티스버그에서의 승리 후 1864년, 북부군의 셔먼 장군은 10만 명의 병력을 이끌고 남쪽으로 진군해요. 그는 지나가는 곳마다 모든 것을 쑥대밭을 만드는 초토화 작전을 펼쳤어요. '바다로의 행진(March to the Sea)'이라고 불린 이 잔인한 작전으로 9월 2일에 남부 최대 도시 애틀란타가 불탔으며, 다음 해 4월 3일에는 남부 연합의 수도 리치먼드가 함락되었어요. 결국 1865년 5월 26일, 노스캐롤라이나에 남아 있던 모든 병력이 셔먼에게 투항하면서 남북 전쟁은 북부군의 승리로 막을 내려요.

남북 전쟁과 노예 해방

같은 국민끼리 싸운 남북 전쟁은 미국 사람들에게 큰 상처를 남겼어요. 그러나 전쟁이 끝나고 미국인들은 하나의 나라, 하나의 국민으로 굳게 뭉치며, 정치는 안정되고 산업은 빠르게 발전하게 되었지요. 남북 전쟁 원인 중 하나인 노예 제도도 북부군의 승리로 폐지되어, 자유와 평등 같은 인간이 누려야 할 기본 권리가 얼마나 중요한지 일깨워 주었어요. 남북 전쟁은 미국의 역사와 문화를 이해하는 데 매우 중요한 사건으로 여겨진답니다.

게티즈버그 전투, 미국의 미래를 바꾸다

1863년 7월 3일, 워싱턴에서 90킬로미터 떨어진 펜실베이니아 주의 작은 마을 게티즈버그는 남부군과 북부군의 전투로 참혹한 상황이었어요. "포격이 끝나면 즉시, 돌격하시오!" 남부군의 총사령관 리 장군은 이틀 동안 큰 성과 없이 병사들의 피해만 커지자, 초조한 얼굴로 부하인 피켓 사단장에게 명령을 내렸어요. "거리가 너무 멀어 그대로 돌격하면, 사상자가 많이 날 것입니다." 부하들은 위험하다며 리 장군에게 작전 변경을 요청했어요.

"아니오. 전쟁을 빨리 끝내야 그나마 승산이 있소. 우리가 가진 모든 포탄을 퍼부을 테니, 돌격을 감행하시오." 리 장군은 고집을 꺾지 않았고, 게티즈버그의 작은 언덕을 빼앗기 위한 작전은 시작되었어요. 포병들이 170문의 대포로 포탄을 비처럼 쏟아붓자, 피켓이 이끄는 12,500명의 병사들이 돌격했어요. 그러나 삼면에서 쏘아 대는 북부군의 총알과 포탄을 피해 1,200미터의 언덕을 달려야 하는 돌격은 그야말로 무모했어요.

용감한 병사들이 자살에 가까운 총검 공격까지 펼치며 북부군의 방어선을 잠시 무너뜨리기는 했지만, 북부군 역시 죽음을 두려워하지 않는 혈전을 펼쳐 전선을 지켰어요. 피켓 부대의 공격은 돌격한 지 한 시간도 안 되어, 전멸에 가까운 피해를 남긴 채 실패로 끝이 났어요. '피켓의 돌격'으로 막대한 피해를 입은 남부군은 결국, 게티즈버그 전투에서 패배하게 되었어요. 게티즈버그 전투는 양측을 합쳐 약 4만 명의 사상자(죽은 사람과 다친 사람)를 낸, 미국 역사상 가장 처절하고 격렬한 전투였어요. 남부군에게는 회복할 수 없는 피해를 남겼고, 북부군에게는 남북 전쟁에서 승리할 수 있는 길을 열어 주어 미국의 미래를 바꾸는 계기가 되었어요.

제1차 세계 대전

1914년~1918년

19세기 말~20세기 초, 유럽의 여러 나라는 더 많은 식민지를 얻기 위해 치열한 경쟁을 벌여요. 이들은 서로 간에 충돌이 잦아지자 동맹을 통해 이를 해결하려 했어요. 독일, 오스트리아(오스트리아·헝가리 제국), 이탈리아는 '삼국 동맹'을, 여기에 대항하여 영국, 프랑스, 러시아는 '삼국 협상'을 결성하지요. 하지만 이 동맹 체제로 유럽은 쇠사슬처럼 연결되어, 오히려 서로 간에 긴장이 더 높아지고 말아요. 1914년 6월, 세르비아의 사라예보에서 오스트리아 황태자가 암살당하는 일이 벌어져요. 오스트리아는 곧바로 세르비아에 선전 포고를 했고, 동맹 관계에 있던 나라들이 연달아 전쟁에 뛰어들었어요. 과거와는 비교가 안 될 정도로 발달된 무기로 맞붙게 된, 제1차 세계 대전이 발발한 거예요.

마른 전투, 길고 긴 세계 대전의 시작

1914년 8월 3일, 독일은 프랑스에 선전 포고를 하고 벨기에를 거쳐 파리로 향했어요. 파리 코앞까지 진격한 독일은 마른강 근처에서 영국-프랑스 연합군에 반격을 당하고 후퇴하게 되지요. 독일군은 이때부터 깊은 참호를 파고, 버티기 전술에 들어가요. 하지만 전진도 후퇴도 어려운 참호전은 사상자만 늘여, 마른 전투에서만 50만 명이 넘는 군인이 죽거나 부상을 입었어요. 그럼에도 마른 전투 이후 전선에는 셀 수 없이 많은 참호가 들어섰고, 전쟁은 언제 끝날지 모르는 장기전이 되었어요.

유틀란트 해전, 독일과 영국의 해상전

1916년 5월 31일, 북유럽 유틀란트반도의 바다에서 독일과 영국의 함대가 맞붙었어요. 독일은 바다로 나가기 위한 거점을 확보하려 했고, 영국은 독일이 바다로 나오려는 걸 막으려다 충돌한 거예요. 총 250척의 전함이 함포를 쏘며 작전을 펼친 제1차 세계 대전 최대의 해전은 승부를 가리지 못했어요. 유틀란트 해전으로 영국 해군은 독일에 비해 막대한 피해를 입었고, 독일 해군은 잠수함을 이용해 바다를 장악하는 쪽으로 작전을 바꾸게 되었어요.

베르됭 전투, 지옥보다 끔찍한 피의 소모전

전쟁이 계속되자 연합국은 독일로 원자재 등의 물자가 들어가는 것을 막았어요. 궁지에 빠진 독일은 1916년 2월 21일에 프랑스 북부 방어의 거점인 베르됭 요새를 공격했어요. 7개 사단이 1,200문이 넘는 대포를 쏘아가며 맹공격을 퍼부었지요. 소나기처럼 쏟아지는 포탄에 엄청난 피해를 입었지만, 프랑스는 철수 대신 사수를 택했어요. 그사이 전투는 12월까지 이어졌고, 사상자는 걷잡을 수 없이 늘어나 양쪽 사망자만 약 30만 명에 이르렀어요. 베르됭 전투는 프랑스의 승리로 독일이 힘을 잃게 되는 계기가 되었지만, 한편으로는 인류 역사상 가장 참혹한 소모전(인원이나 무기, 물자 등을 자꾸 투입하여 쉽게 승부가 나지 않는 전쟁) 중 하나로 남게 되었어요.

미국의 참전과 독일의 항복

모든 선박을 무차별 공격하는 독일의 '무제한 잠수함' 작전으로 1915년 5월 7일, 영국 여객선 루시타니아호가 어뢰에 맞아 타고 있던 미국인 128명이 사망해요. 독일에 반대하는 미국 내 여론이 거세졌고, 독일이 멕시코를 끌어들여 미국을 공격하도록 한 사실까지 밝혀지며 1917년 4월, 미국은 결국 참전을 선언해요. 미국의 참전은 밀리고 있던 연합국이 승기를 잡는 계기가 되었어요. 참전 이후 미국은 거의 모든 전투에 참여했고, 1918년에 뫼즈-아르곤 전투에서의 승리로 독일의 항복을 이끌어 내면서 제1차 세계 대전은 끝이 나요.

신무기와 국제 연맹

제1차 세계 대전은 30개가 넘는 나라가 참전해, 1천만 명을 죽음으로 몰아넣으며 연합국의 승리로 끝이 났어요. 20세기의 발달된 과학은 전쟁의 모습을 지옥으로 바꾸어 놓았어요. 기관총과 탱크는 물론, 화염 방사기와 독가스 같은 신무기는 한순간에 수많은 병사의 목숨을 앗아 갔고, 아름다운 자연과 도시를 폐허로 만들었어요. 전쟁에서 승리해도 엄청난 피해를 피할 수 없게 된 인류는, 이러한 비극이 또다시 일어나지 않도록 모든 나라가 노력하자며, 국제 연맹을 만들게 되었어요.

솜 전투, 1분에 13명이 죽은 제1차 세계 대전 최악의 전장

'쿠르릉 쿠르릉' 1916년 9월 15일, 솜 전투 중에 플레흐-꾸흐스레트 방어선을 지키던 독일군의 눈앞에 거대한 괴물이 나타났어요. "앗! 저 악마는 뭐야?" 총알 따위는 우습다는 듯, 진흙 땅을 가르며 다가오는 물체는 다름 아닌 탱크였어요. 영국군이 참호를 돌파하기 위해 개발한 Mk Ⅰ 전차 24대가 세계 최초로 전장에 나타난 순간이었어요. 그런데 탱크는 곧 진흙에 빠져 주저앉거나, 방향을 못 잡고 엉뚱한 곳을 향해 가 버렸어요. "독일군이 겁을 먹었다. 모두 돌격하라!" 탱크 뒤에 몸을 숨기고 따라오던 영국군은 할 수 없이 독일군의 참호를 향해 달려들었어요. '드르륵 드르륵' 독일군의 참호에서 기관총이 불을 뿜자, 돌격하던 영국군이 낙엽처럼 우수수 쓰러졌어요. 살아남은 영국군은 또다시 총을 쏘며 독일군 참호로 뛰어들었어요. 곧 귀를 찢을 듯한 비명이 들리고, 참호 속은 뒤엉켜 싸우는 병사들과 진흙으로 지옥처럼 변하고 말았어요.

1916년, 독일과 프랑스가 프랑스 북동쪽 베르됭에서 치열한 전투를 벌이고 있을 때, 프랑스 북부의 솜 지역에서도 영국-프랑스 연합군이 독일군과 격전을 치루었어요. 전투가 시작된 1916년 7월 1일, 영국군은 엄청난 양의 포탄을 퍼붓고 보병을 출격시켰지만, 독일군 기관총 부대의 사격으로 하루 만에 1만 9천여 명이 전사하고, 3만 9천여 명이 부상당하는 피해를 입었어요. 1분에 13명의 병사가 죽은 셈이었지요. 이렇듯 프랑스 솜강 주변 전선에서 벌어진 이 참호전은, 총 120만 명(연합군 62만 명, 독일군 60만 명) 이상의 사상자를 낸 제1차 세계 대전 최악의 전투였어요. 독일은 이곳에 어마어마한 병력과 물자를 쏟아부어, 연합군을 물리치고 동쪽으로 전진해 러시아를 공격하려 했지만, 전투가 길어지면서 계획을 바꿀 수밖에 없었어요.

제2차 세계 대전

1939년 ~ 1945년

제1차 세계 대전에서 패배한 독일은 피해를 본 나라들에게 어마어마한 돈을 물어 주어야 했어요. 독일은 돈을 갚느라 살림살이가 매우 어려웠고 사회 또한 혼란스러웠어요. 이때 히틀러가 등장해 권력을 잡고서는 돈을 갚느니 군사력을 키워, 다른 나라를 점령하자며 독일 국민을 부추겼어요. 그리고 1939년, 독일은 폴란드를 침공해요. 곧이어 영국과 프랑스가 독일에게 선전 포고를 하고, 유럽에서 전쟁이 시작되었어요. 한편 아시아에서는 일본이 더 많은 자원을 확보하고자, 북아프리카에서는 이탈리아가 경제적인 어려움을 극복하고자, 독일과 뜻을 같이하고 다른 나라를 침략했어요. 결국 세계는 또다시 전쟁의 소용돌이에 휩싸인 거예요. 이 전쟁이 바로 제2차 세계 대전이에요.

독일의 전격전, 프랑스를 삼키다

1939년 9월 1일에 폴란드를 침공한 독일은 '전격전(탱크나 전투기 등을 이용해 빠르게 움직이며 강력한 화력을 쏟아부어 적을 단숨에 굴복시키는 작전)'을 펼쳐, 10월 6일에 완전한 승리를 거머쥐었어요. 이어 1940년 5월 10일에 기갑 부대와 전투기로 대규모 공격을 벌여, 일주일 만에 프랑스의 주요 도시를 점령하고, 아르덴 숲을 뚫고 진격해 6월 14일 파리를 함락했어요. 프랑스는 6월 22일에 항복을 선언했고, 나치 독일군의 군홧발 아래 차별과 억압을 견뎌야 하는 암흑의 시간을 맞이하게 되었어요.

하늘에서 벌어진 혈투, 영국 폭격과 항공전

프랑스를 손에 넣은 독일은 영국을 공격하기로 했어요. 해군력에서는 영국이 워낙 강했기 때문에, 독일은 1940년 9월부터 1941년 5월까지 항공전을 펼치며, 엄청난 양의 폭탄을 런던을 비롯한 영국의 주요 도시와 산업 시설에 쏟아부었어요. 영국의 건물은 불타고 철도는 끊어졌으며, 사람들은 폭탄을 피해 지하로 숨어야 했어요. 그러나 영국은 모두가 힘을 모아 강력한 방공망을 구축하고, 바다 건너 날아오는 독일 폭격기들을 격추시켰어요. 영국과의 항공전에서 밀리게 된 독일은 공격을 멈출 수밖에 없었어요.

엘 알라메인 전투, '여우와 생쥐'의 대결

1942년 10월 23일, 이집트의 엘 알라메인에서는 독일-이탈리아의 아프리카 군단과 영국, 프랑스, 그리스 등의 연합군 사이에 사상 유래 없는 화력전이 펼쳐졌어요. 이 전투는 사막의 여우로 불리는 독일의 롬멜 장군이 북아프리카에서 영국군을 밀어내기 위해 시작했어요. 연합군은 '사막의 생쥐'라는 별명을 가진 영국의 몽고메리 장군이 이끌었는데, 그는 방어선을 구축하여 독일군의 진격을 막은 다음, 미국으로부터 전쟁 물자를 지원받아 대대적인 반격을 가했어요. 그즈음 모로코에는 미군이 상륙해 아프리카 군단을 포위했어요. 패튼 장군이 이끄는 미군의 공격이 가해지자 아프리카 군단은 더 이상 버티지 못하고, 30여만 명의 포로를 남기고 괴멸되었어요. 이후 독일군은 이탈리아로 퇴각하고, 연합군은 북아프리카를 장악하게 되었어요.

치열한 시가전, 스탈린그라드 전투

영국 공격에 실패한 독일의 히틀러는 불리해지는 전세를 만회하고자, 1941년 6월 22일에 소련을 침공했어요. 독일군은 진군을 거듭하여 1942년 7월 17일, 스탈린그라드로 들어갔으나 소련군의 필사적인 저항에 부딪혔어요. 소련군은 부서진 건물에 숨어 있다가 기습을 펼치는 시가전으로 버텼어요. '생쥐 전쟁'으로 불린 이 시가전이 얼마나 치열했는지, 6개월 동안 양쪽 사상자는 200만 명에 이르렀어요. 소련은 결국 반격에 성공해 독일의 침공을 물리쳤어요.

베를린 전투, 히틀러의 최후

노르망디 상륙 작전으로 승기를 잡은 연합군은 베를린으로 향했어요. 1945년 4월, 가장 먼저 도착한 소련군은 베를린을 포위하고 전투를 벌였어요. 베를린 시가전은 치열하고 처참했어요. 포탄으로 폐허가 된 도시의 골목에서는 병사들이 백병전을 벌였고, 시민들은 겁에 질려 피난처를 찾아 헤맸지요. 베를린 전투가 막바지에 다다랐을 때, 지하 벙커에 숨어 있던 히틀러는 패배를 직감하고, 1945년 4월 30일에 자살을 선택해요. 히틀러의 죽음과 함께 나치 독일은 종말을 맞았답니다.

연합군 반격의 발판을 마련하다, 노르망디 상륙 작전

"드디어 디데이(D-Day)다. 모두 준비되었나?" 1944년 6월 6일, 프랑스 노르망디 해안에 접근한 상륙선은 전투를 앞둔 연합군 병사들의 숨이 멎을 듯한 긴장감으로 꽉 차 있었어요. "두려움에 지면 죽음뿐이야. 살아남고 싶으면 용감하게 돌진하라!" 지휘관의 명령과 함께 상륙선의 문이 열리자, 독일군이 쏘는 기관총과 포탄이 비처럼 쏟아졌어요. 귀를 찢을 듯한 포성과 빗발치는 총알에 수많은 병사가 쓰러져 바닷물에 잠겼어요. 겨우 해변을 벗어난 병사들을 향해 지휘관이 다시 한번 소리쳤어요. "머뭇거리지 말고 사격하라! 우리는 오늘 역사를 만들 것이다. 모두 돌격!" 살아남은 병사들은 총을 쏘며 언덕을 향해 달렸어요. 먼바다에서는 해안선을 따라 늘어선 전함들이 포탄을 쏘고, 머리 위에서는 전투기와 폭격기들이 폭탄을 떨구며 병사들의 진격을 도왔어요. 또 병사들의 눈에는 보이지 않았지만, 해안 먼 곳에서는 하루 전 2천여 대의 항공기에서 낙하한 연합군 공수 부대가 독일군의 뒤를 공격하고 있었어요.

해안과 내륙 양쪽에서 전투를 벌여야 하는 독일군은 점차 밀리게 되었고, 연합군은 해안 방어선을 뚫고 프랑스 상륙에 성공했어요. '오버로드 디데이'라는 작전명으로 전개된 이 상륙 작전은 1943년, 미국의 루즈벨트와 소련의 스탈린, 영국의 처칠이 모인 연합군 회담에서 시작되었어요. 그리고 이듬해 미국의 아이젠하워 장군의 지휘 아래 미국, 영국, 캐나다 병사 15만 명이 80킬로미터의 긴 해안에 오르기 위해, 이토록 처절한 전투를 벌이게 된 것이지요. 훗날 연합군이 작전을 펼친 지역의 이름을 따 '노르망디 상륙 작전'으로 불리게 된 이 전투는, 제2차 세계 대전의 흐름을 완전히 바꾸어 놓았어요. 독일군의 결사적인 저항에 12만 명에 이르는 사상자를 냈지만, 이때부터 연합군은 독일 본토로 진격할 수 있었거든요.

진주만 공습, 잠자는 사자를 건드린 일본

'왜~앵!' 1941년 12월 7일 새벽, 미국의 태평양 함대가 주둔하고 있는 하와이의 진주만에 갑자기 사이렌 소리가 울려 퍼졌어요. 곧이어 사이렌 소리마저 삼켜 버리는 거대한 폭발이 여기저기에서 일어났어요. '쾅, 꽈광!' 일요일 아침의 부서진 평화를 아쉬워할 사이도 없이 허겁지겁 밖으로 뛰쳐나온 병사들이 고개를 들자, 하늘에는 일본의 제로 전투기와 폭격기들이 무차별 폭격을 퍼붓고 있었어요. "일본의 기습이다. 전투가 가능한 대원들은 즉시 대응 사격을 하라!" 미군은 필사적으로 반격을 시도했어요. 그러나 선전 포고도 없이 들이닥친 일본의 비행기들은 바다에 떠 있는 전함과 격납고에 대기 중인 전투기에 가리지 않고 폭탄과 총알을 쏟아부었어요. 미군은 총도 잡아 보지 못하고 쓰러졌고 해군 기지는 순식간에 불바다가 되었어요. 2,300여 명의 병사가 죽고, 6척의 함선이 바다에 잠겼으며, 함선 13척과 항공기 188대가 파괴되었어요.

일본이 항공 모함 6척과 350대가 넘는 전투기와 폭격기를 동원해, 미국의 태평양 함대를 공격한 이 사건이 바로 '진주만 공습'이에요. 공습이 끝난 후 미국은 폐허로 변한 진주만을 보며 충격에 빠졌어요. "지금까지 어느 나라도 미국을 공격한 적은 없었어. 그런데 선전 포고도 없이 미국의 해군 기지를 공격하다니, 도저히 용서할 수 없어!" 미국은 진주만 공습이 발생한 다음 날 즉시, 일본에 대한 전쟁을 선포하고 강력한 보복을 예고했어요. 미국이 참전하는 제2차 세계 대전의 전선이 독일, 이탈리아와 맞서는 유럽을 넘어, 일본을 적으로 둔 태평양과 아시아 지역으로 확대된 거예요. 일본은 태평양을 지배하려는 욕심으로 진주만을 공격했지만, 오히려 세계에서 가장 강한 군대와 전쟁을 벌여야 하는 수렁에 빠지고 말았답니다.

진주만 공습의 완전한 복수, 미드웨이 해전

진주만 공습 이후 여전히 태평양 지배를 꿈꾸던 일본은, 미국의 중요 해군 기지인 미드웨이를 점령하려 했어요. 일본은 항공 모함 4척과 전투기, 폭격기 수백 대를 배치하고 공격을 준비했어요. 그런데 일본군의 암호를 해독해 정보를 미리 알게 된 미국이, 1942년 6월 4일에 항공대를 출격시켜 먼저 공격을 해요. 갑자기 나타난 미군 항공기에 방어선이 뚫린 일본 해군은 손쉬운 먹잇감이 되어, 첫 공격에서만 항공 모함 3척을 잃었어요. 이후 하나 남은 항공 모함마저 침몰하면서, 일본은 이 전투에서 후퇴조차 할 수 없는 완전한 패배를 당하고 말아요.

태평양 전쟁의 전환점, 과달카날 전투

일본은 태평양의 바닷길을 장악하기 위해, 과달카날섬 등 서태평양의 중요한 섬에 군사 기지와 비행장을 만들었어요. 미국은 이를 막기 위해 1942년 8월 7일, 1만 9천여 명의 해병대를 과달카날에 상륙시키며 본격적인 전투를 시작했어요. 미국과 일본의 과달카날섬 쟁탈전은 엎치락뒤치락 승리와 패배를 거듭하며, 다음 해까지 이어졌어요. 1943년 2월 7일 궁지에 몰린 일본군이 모두 철수하며, 과달카날 전투의 승자는 미국이 되었어요.

처절한 일본의 저항, 오키나와 전투

미국은 일본 본토를 공격할 작전의 하나로, 1945년 2월 19일에는 이오지마에, 같은 해 4월 1일에는 오키나와 해변에 대규모 병력을 상륙시켰어요. 일본은 지하 요새와 땅굴에서 자결도 마다하지 않는 등 필사적인 저항으로 방어에 나섰어요. 그러나 이오지마에서 2만여 명, 오키나와에서 7만 4천여 명이 죽어 나간 처절한 혈전에도 불구하고 전투에서 패한 일본은, 이제 코앞에서 미군의 총구를 맞닥뜨리게 되었어요.

일본 수도를 불타는 지옥으로 만들다, 도쿄 대공습

미국은 진주만 공습에 대한 보복으로 1942년 4월 18일, 일본 본토에 첫 폭격을 가했어요. 그러나 폭격기의 비행 거리와 폭탄 적재량의 한계 등으로 큰 피해를 주지는 못했어요. 상황은 바뀌어 1945년 3월 9일 밤, 미국은 전쟁 물자를 아예 못 만들 만큼 초토화하는 것을 목표로 도쿄에 대공습을 감행했어요. 279대의 B-29 폭격기로 2시간 30분 동안, 38만여 발의 엄청난 폭탄을 퍼부은 거예요. 도쿄는 온통 불바다로 변했어요. 용광로 같은 불길에 건물들은 순식간에 재가 되었고, 연기는 15킬로미터 높이의 성층권까지 치솟았으며, 태풍 같은 불바람이 달아나는 사람들을 덮쳤어요. 하룻밤 사이에 수십만 명을 죽음과 고통으로 몰아넣은 도쿄 대공습은, 일본 사람들에게 전쟁이 얼마나 무섭고 비참한 것인지를 깨닫게 해 주었어요. 그 후로도 미군은 3월 11일에 나고야를, 3월 13일에 오사카를 공습했고, 아비규환을 직접 겪은 일본인들은 전쟁을 일으켰던 욕심은 온데간데없이 죽을지도 모른다는 두려움에 떨어야 했어요.

원자 폭탄 투하와 일본의 항복

1945년 8월에 이르러 일본은 패전이 가까워졌음을 알면서도, 아이와 여자들에게까지 죽창을 쥐어 주고, 모든 국민이 죽을 때까지 싸우자며 미국의 상륙에 대비했어요. 일본의 저항이 이토록 거세자, 미국은 일본 본토에서 전쟁을 하겠다는 생각을 바꿔 8월 6일에는 히로시마, 8월 9일에는 나가사키에 원자 폭탄을 떨어뜨려요. 몇 분 사이에 수만 명이 죽음에 이르는 원자 폭탄의 위력을 본 일본은 8월 15일 마침내 연합군에 항복을 선언했고, 제2차 세계 대전도 막을 내리게 되었어요.

인류 역사상 가장 큰 전쟁이 남긴 교훈

제2차 세계 대전은 인류 역사상 가장 큰 피해를 남긴 전쟁이었어요. 7천만 명 이상이 죽고, 셀 수 없이 많은 사람을 고통에 빠뜨렸지요. 특히, 나치 독일의 홀로코스트와 일본의 전쟁 범죄는 수많은 유대인과 아시아인에게 상처를 남겼어요. 한편, 원자 폭탄 같은 대량 살상 무기의 무서움과 평화의 중요성을 깊이 깨닫게 된 국제 사회는, 전쟁의 비극을 반복하지 않기 위해 국제 연합(UN)을 창설하고, 평화와 인권을 존중하는 세계 질서를 만들기 위해 노력하게 되었어요.

찾아보기

ㄱ

가우가멜라 전투 ········· 10
갈리아 전쟁 ········· 16
게티스버그 전투 ········· 33
결사대 ········· 24
경색 전투 ········· 14
고선지 ········· 20~21
과달카날 전투 ········· 39
관도 전투 ········· 18
교황 ········· 22
국제 연합(UN) ········· 39
궁병(궁수) ········· 4, 26
그라니코스 전투 ········· 10
그리스 ········· 6~12, 16~17
금나라 ········· 24
기관총 ········· 34~35, 37
기독교 ········· 22, 28
기병 ········· 10~14, 22~23, 25~26, 31
기사 ········· 22~23, 25~26

ㄴ

나폴레옹 ········· 30~31
넬슨 ········· 30
노르망디 상륙 작전 ········· 36~37

ㄷ

다리우스 1세 ········· 6
다리우스 3세 ········· 10
당나라 ········· 20~21
대포 ········· 26, 28~29, 32~34
데모스테네스 ········· 9
델로스 동맹 ········· 8~9
도시 국가 ········· 6, 8~10, 12
도쿄 대공습 ········· 39
독일 ········· 25, 30, 34~39
동로마 제국(비잔틴 제국) ········· 22, 28~29
동탁 토벌전 ········· 18
디카리움 공방전 ········· 16

ㄹ

라이프치히 전투 ········· 30
람세스 2세 ········· 4~5
러시아 ········· 25, 30, 34~35
레그니차(발슈타트) 전투 ········· 25
레판토 해전 ········· 28
로마 ········· 12~13, 16~17, 28~29
롬멜 ········· 36
루비콘강 ········· 16
리처드 1세 ········· 22~23
링컨 ········· 32

ㅁ

마라톤 전투 ········· 6
마른 전투 ········· 34
마케도니아 ········· 10
메사나 전투 ········· 12

메흐메트 2세 ········· 29
모하치 전투 ········· 28
몽고메리 ········· 36
몽골 ········· 24~25, 28
무와탈리 2세 ········· 4
문명 ········· 4, 7~8, 16
미국 ········· 32~34, 36~39
미드웨이 해전 ········· 39

ㅂ

바그다드 함락 ········· 24
바다로의 행진 ········· 32
배수진 ········· 14
베르됭 전투 ········· 34
베를린 전투 ········· 36
별동대 ········· 14
보병 ········· 4, 10~13, 25~26, 35
북아프리카 ········· 12~13, 36
불런 전투 ········· 32
B 단길 ········· 20

ㅅ

사마르칸트 전투 ········· 24
살라딘 ········· 22~23
살라미스 해전 ········· 7
삼국 동맹 ········· 34
삼국 협상 ········· 34
사를 7세 ········· 26
서역 ········· 20~21
석국(타슈켄트) ········· 20
선전 포고 ········· 34, 36, 38
셀주크 튀르크 ········· 22, 28
셔먼 ········· 32
소모전 ········· 34
손권 ········· 18~19
솜 전투 ········· 35
쉴레이만 1세 ········· 28
스키피오 ········· 13
스탈린그라드 전투 ········· 36
스파르타 ········· 6, 8~10
스팍테리아 전투 ········· 9
시가전 ········· 36
시칠리아 ········· 8, 12
십자군 ········· 22~23

ㅇ

아그리파 ········· 17
아르수프 전투 ········· 23
아바스 왕조 ········· 20
아에가테스 해전 ········· 12
아우스터리츠 전투 ········· 30
아이고스포타미 해전 ········· 8
아이젠하워 ········· 37
아쟁쿠르 전투 ········· 26
아테네 ········· 6~10
악티움 해전 ········· 17
안토니우스 ········· 16~17
알렉산드로스 3세 ········· 10~11
알렉산드리아 ········· 10
앙카라 전투 ········· 28
애산 전투 ········· 24
앤티텀 전투 ········· 32
야파 전투 ········· 22
야호령 전투 ········· 24

에드워드 3세 ········· 26
엘 알라메인 전투 ········· 36
여포 ········· 18
연운보 전투 ········· 20
영국 ········· 26~27, 30~32, 34~37
예니체리 ········· 29
예루살렘 공방전 ········· 22
오나라 ········· 18
오를레앙 공방전 ········· 27
오스만 튀르크(오스만 제국) ········· 28~29
오스트리아 ········· 28, 30, 34
오장원 전투 ········· 18
오키나와 전투 ········· 39
옥타비아누스 ········· 16~17
요새 ········· 4~5, 24, 27, 29, 32, 34, 39
워털루 전투 ········· 31
원나라 ········· 24
원로원 ········· 16
원자 폭탄 ········· 39
원정 ········· 6, 8, 10, 16, 20, 22, 30
위나라 ········· 18
유방 ········· 14~15
유비 ········· 18~19
유틀란트 해전 ········· 34
이릉 전투 ········· 18
이수스 전투 ········· 10
이스라엘 ········· 22~23
이슬람 ········· 20~24, 28
이집트 ········· 4~6, 10, 16~17, 22, 30, 36
이탈리아 ········· 30, 34, 36, 38
일본 ········· 36, 38~39

ㅈ

자마 전투 ········· 13
잔 다르크 ········· 27
잠수함 ········· 34
장궁 ········· 26~27
적벽 대전 ········· 19
전격전 ········· 36
전차 ········· 4~5, 35
전투기 ········· 36~39
정예군(정예병) ········· 9, 13~14, 16
정형 전투 ········· 14
제갈량 ········· 18~19
제후국 ········· 18
조조 ········· 18~19
주유 ········· 19
중앙아시아 ········· 20~21, 28
지야드 이븐 살리흐 ········· 21
지중해 ········· 7~8, 10, 12~13, 16, 28
진주만 공습 ········· 38~39

ㅊ

참호전 ········· 34~35
처칠 ········· 36~37
초나라 ········· 14~15
촉나라(촉한) ········· 18
출사표 ········· 18
칭기즈 칸(테무친) ········· 24~25

ㅋ

카데시 전투 ········· 5
카르타고 ········· 12~13
카르타고 공방전 ········· 12

카스티용 전투 ········· 26
카이사르 ········· 16
칸나이 전투 ········· 12
케르키라 ········· 8
코끼리 ········· 11, 13, 28
코린토스 ········· 8
코소보 전투 ········· 28
콘스탄티노플 공방전 ········· 29
콘스탄티노플 총공격 ········· 22
콘스탄티누스 11세 ········· 29
쿠빌라이 칸 ········· 24
크레시 전투 ········· 26
크세르크세스 1세 ········· 6~7
클레오파트라 ········· 16~17

ㅌ

탈라스 전투 ········· 20~21
태평양 ········· 38~39
탱크 ········· 34~36
테르모필레 전투 ········· 6
테미스토클레스 ········· 7
토번(티베트) ········· 20
튀르키예 ········· 4, 10, 28
트라팔가르 해전 ········· 30
티무르 제국 ········· 28

ㅍ

파르살로스 전투 ········· 16
팽성 대전 ········· 14
페르시아 ········· 6~10
페리클레스의 농성전 ········· 8
페이디피데스 ········· 6
펠로폰네소스 동맹 ········· 8~9
평화 조약(협정) ········· 4, 8
포루스 ········· 11
포병 ········· 26, 31, 33
폭격기 ········· 36~39
폼페이우스 ········· 16
푸아티에 전투 ········· 26
프랑스 ········· 26~27, 30~31, 34~37
프로이센 ········· 31
피켓의 돌격 ········· 33

ㅎ

하틴 전투 ········· 22
한나라 ········· 14~15
한니발 ········· 12~13
한신 ········· 14~15
함선 ········· 6~8, 12, 17, 19, 28~29, 38
항공 모함 ········· 38~39
항우 ········· 14~15
해하 전투 ········· 15
헨리 5세 ········· 26
헬레니즘 ········· 10
형양·성고 공방전 ········· 14
호라즘 왕국 ········· 24
히다스페스 전투 ········· 11
히타이트 ········· 4~5
히틀러 ········· 36

글 홍건국
어린이들이 쉽고 재미있게 지식을 익히며 반듯한 마음으로 성장하는 데 도움을 주는 책을 쓰려고
늘 고민하고 있습니다. 지은 책으로는 《한눈에 펼쳐보는 지구촌 사회 그림책》, 《세계 지리 한바퀴》,
《초등학생이 꼭 알아야 할 100가지 시리즈》, 《그림으로 배우는 화학 콘서트》, 《어린이 과학 신문》,
《스물다섯 가지 동물들의 가슴 찡한 이야기》, 《착한 생각으로 세상을 바꾼 사람들》 등이 있습니다.

그림 김재일
시각디자인을 전공하고 출판사 디자인부에서 어린이들을 위한 책을 디자인했습니다.
영국에서 일러스트를 공부한 후, 지금은 어린이책을 기획하거나 그림을 그리고 있습니다.
그린 책으로는 《한눈에 펼쳐보는 지구촌 사회 그림책》, 《처음 읽는 경제사 이야기》,
《알기 쉽게 통으로 읽는 한국사 2》, 《대한민국 어린이라면 꼭 알아야 할 세계사 100대 사건》,
《한 권으로 보는 그림 세계지리 백과》 등이 있습니다.

그림 홍성지
서양화와 미술 교육을 전공하고 영국에서 일러스트를 공부했습니다. 이 세상 모든 색깔을 주머니에 넣고서
여기저기 기웃기웃 구경하고 돌아다니기를 좋아합니다. 그린 책으로는 《한눈에 펼쳐보는 지구촌 사회 그림책》,
《경제야 쉬워져라, 뚝딱!》, 《폰드로메다 별에서 오는 텔레파시》, 《이토록 불편한 플라스틱》, 《쵸코파이 자전거》,
《어린 과학자를 위한 반도체 이야기》, 《프라이팬을 타고 가는 도둑고양이》 등이 있습니다.

감수 임승휘
서울대학교 서양사학과를 졸업하고 프랑스 파리 제4대학에서 박사 학위를 받았습니다.
현재 선문대학교 사학과 교수로 재직 중입니다. tvN 〈벌거벗은 세계사〉, EBS 〈인물사담회〉,
유튜브 채널 〈보다 BODA〉 등에 출연하면서 역사를 매개로 대중과 호흡하며 인문학적 지식의 확장을
모색하고 있습니다. 지은 책으로는 《귀족 시대》, 《유럽의 절대 군주는 어떻게 살았을까?》, 《절대왕정의 탄생》
등이 있고, 옮긴 책으로는 프랑수아 기조의 《유럽 문명의 역사》, 장 보댕의 《국가론》 등이 있습니다.

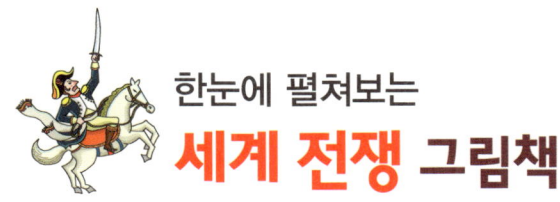

한눈에 펼쳐보는
세계 전쟁 그림책

인쇄 · 2025년 11월 18일 · **발행** · 2025년 11월 25일 · **글** · 홍건국 **그림** · 김재일, 홍성지 **감수** · 임승휘 **발행인** · 허진 **발행처** · 진선출판사(주)
편집 · 김경미, 최윤선, 최지혜 **디자인** · 고은정 **총무 / 마케팅** · 유재수, 나미영, 허인화
주소 · 서울시 종로구 삼일대로 457 (경운동 88번지) 수운회관 15층 **전화** (02)720-5990 **팩스** (02)739-2129 **홈페이지** www.jinsun.co.kr
등록 · 1975년 9월 3일 10-92 ※책값은 뒤표지에 있습니다. ISBN 979-11-93003-88-6 74000 ISBN 978-89-7221-634-6 (세트)
글 ⓒ 홍건국, 2025 　그림 ⓒ 김재일·홍성지, 2025

진선아이 는 진선출판사의 어린이책 브랜드입니다.
마음과 생각을 키워 주는 책으로 어린이들의 건강한 성장을 돕겠습니다.